KIT EMOCIONAL PARA LA VIDA MODERNA

Título original: *A Toolkit for Modern Life*, por Dra. Emma Hepburn

EDITORIAL EDAF, S. L. U.
JORGE JUAN, 68. 28009 MADRID
http://www.edaf.net
edaf@edaf.net

ALGABA EDICIONES, S. A. DE C. V.
CALLE 21, PONIENTE 3323. ENTRE LA 33 SUR Y LA 35 SUR
COLONIA BELISARIO DOMÍNGUEZ
PUEBLA 72180, MÉXICO
jaime.breton@yahoo.com.mx

EDAF DEL PLATA, S.A. CHILE, 2222
1227 - BUENOS AIRES, ARGENTINA
edaf4@speedy.com.ar

EDAF CHILE, S. A.
AVDA. CHARLES ARANGUIZ SANDOVAL, 0367
EX. CIRCUNVALACIÓN, PUENTE ALTO
SANTIAGO - CHILE
comercialedafchile@edafchile.cl

Diseño: Ginny Zeal
Ilustraciones: Emma Hepburn

El concepto de "tarro de mermelada mental", de la página 10, está adaptado de *How to Talk To Families About Genetics And Psychiatric Illness* de Holly Landrum Peay, Jehannine Claire Austin. Editor W. W. Norton.

Primera edición: Febrero de 2022

ISBN: 978-84-414-4140-8
Depósito legal: M-2670-2022

Impreso en España - *Printed in Spain*
GRÁFICAS COFÁS. Pol. Ind. Prado Regordoño. Móstoles (Madrid)

KIT EMOCIONAL PARA LA VIDA MODERNA

53 FORMAS DE CUIDAR TU MENTE

Dra. Emma Hepburn
@thepsychologymum

edaf

MADRID - MÉXICO - BUENOS AIRES - SANTIAGO

2022

Contenidos

Lo que se define como salud mental normalmente:

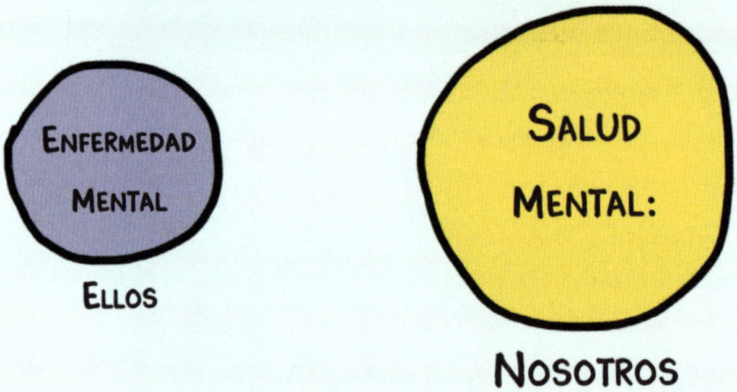

Lo que la salud mental es realmente:

Todos experimentando un cambio constante

Introducción: Cuidar tu salud mental

La vida de hoy en día, la comúnmente conocida como *vida moderna* lleva consigo un ritmo ajetreado. Todos y cada uno de nosotros tratamos de lograr el aparentemente inalcanzable equilibrio para conciliar el ámbito laboral y el doméstico contentando a los demás, sin olvidarnos de buscar nuestra propia felicidad, gestionando nuestros recursos económicos, cuidando a nuestros hijos, tratando de amar a nuestro cuerpo, manteniendo una actitud positiva, haciendo auténticos malabares para cumplir con la lista de tareas pendientes y procurando además bajar la marcha y aflojar el ritmo. Todo ello implica programar, enviar mensajes, actualizar, elaborar listas de tareas, teniendo como telón de fondo el ruido de la tecnología, que nos promete ahorrar tiempo, pero que tan frecuentemente genera esa constante necesidad cuando nos saltan las notificaciones de cada mensaje de Whatsapp y de cada publicación de Instagram o actualización de Facebook. Es un mundo de avisos y notificaciones que pita, suena y vibra, en el cual todos parecen tener su vida más en orden que tú.

A decir verdad, la vida es un juego de malabares que escapa a nuestro control, la pelota resbala y cuando menos lo esperas, te lanzan otra para que continúes el juego. Ninguno de nosotros logra mantener el equilibrio todo el tiempo, y estamos en una constante fluctuación entre sentir que dominamos nuestra vida y que es la propia vida la que tiene el control sobre nosotros. No puedo prometer que encontrarás el equilibrio mágico y vital en este libro, pero al menos espero que logres encontrar diferentes formas de cuidar uno de los aspectos más importantes de tu vida; tu mente.

Tu mente constituye el eje central de tu propia historia, observando, planificando, respondiendo, recordando, desarrollando, interactuando y creando sus estrategias a medida que tú avanzas. Puede que cuidar de ella no sea el único punto importante, que no abarque el todo en este proceso, pero sí es un elemento esencial para el desarrollo de tu propia historia, y por tanto, es necesario cultivarla. Este libro te ayudará a desarrollar un manual práctico y personal para cuidar tu salud mental, para poder navegar a través de tu mundo, de tu historia y de todo lo que la vida moderna te depare.

Desmontando mitos

La mente es en sí misma sinónimo de salud mental, de modo que cuidar la mente también implica velar por tu salud mental. Para ello, conviene desmontar algunos de los mitos que giran en torno a la salud mental. En primer lugar, basta con reconocer que la salud mental es algo que todos tenemos y de la cual, consecuentemente, debemos ocuparnos.

Hay que abandonar la idea de que la salud mental es una cuestión ajena y en la cual solo hay que pensar de un modo reactivo cuando algo va mal. La salud mental es algo de lo que todos debemos ocuparnos de forma proactiva. Conviene entender que, al igual que la salud física, la salud mental no es inalterable o invariable, y puede presentar cambios a lo largo de la vida. A veces necesita un cuidado especial, y dada la combinación apropiada (o inapropiada), la salud mental de cualquier persona puede llegar a sufrir. En lugar de identificarlo como un punto débil, necesitamos comprender los factores que motivan estos cambios para así saber cómo servir de ayuda o cómo buscar ayuda. Se trata de reconocer que la salud mental como tal no reside únicamente en el cerebro, sino que está fundamentalmente ligada a nuestro cuerpo, así como al entorno en el que vivimos. Es ser conscientes de las herramientas que tenemos a nuestro alcance y cómo emplearlas de la mejor manera posible cuando notemos que nuestra salud mental está deteriorándose.

El tarro de mermelada de la salud mental

La salud mental podría representarse como un tarro de mermelada que se llena de nuestras vulnerabilidades o debilidades (fresas) y factores estresantes (frambuesas). Las vulnerabilidades pasarán por distintos niveles, al igual que los estresores variarán a lo largo de la vida.

La genetista Jehannine Austin ha recurrido a esta analogía para describir las vulnerabilidades genéticas, pero personalmente y desde mi punto de vista como psicóloga prefiero incluir un abanico de vulnerabilidades entre las que se encuentran las biológicas, las sociales, las cognitivas, las ambientales y las experiencias vitales. Todos tenemos un límite y, al alcanzarlo, desbordando nuestro tarro de mermelada, se desencadenarán una serie de trastornos que afectan a la salud mental. Es posible ampliar el espacio de nuestro tarro mediante el aprendizaje y el uso de estrategias de adaptación, como el apoyo social, un buen descanso y la práctica de ejercicio físico.

Esta idea pone de manifiesto en primer lugar que todo el mundo tiene una salud mental que hay que cuidar y unos límites de la misma. En segundo lugar, evidencia que la salud mental de cualquier persona puede resentirse, dependiendo de lo que ocurra a lo largo de su vida, tanto en el plano corporal como en el ambiental. En tercer lugar, contempla los antecedentes y la experiencia de cada persona, lo cual puede ayudar a explicar por qué algunas personas son más propensas que otras a padecer trastornos mentales. Para mí, lo más destacable de este concepto lo constituye su carácter esperanzador, al dejar constancia de la capacidad que tenemos para potenciar nuestra resiliencia mediante la gestión de los factores causantes de estrés (en la medida de lo posible) y el uso de estrategias de superación. Este libro pone el foco en el cuidado de la mente, ayudando a ampliar el espacio del tarro y controlando las frambuesas que hay en él.

Tu tarro de mermelada mental

¿Qué es realmente la mente?

Esta pregunta es objeto de debate a menudo, y no siempre existe una respuesta clara al respecto, por lo que voy a explicar mi concepción al respecto. La mente es la forma en la que percibes conscientemente tu mundo interior, exterior y tu propio concepto como persona; quién eres. Es el lugar donde tus pensamientos tienen voz y tú puedes escucharlos, el mismo lugar en que prestas atención a cómo te sientes, comprendes, recuerdas y te visualizas a ti mismo, al mundo en general y al lugar que ocupas en él. A la mente la construye tu cerebro, sin embargo, no es únicamente tu cerebro.

Con este libro no pretendo limitarme a poner el foco en el control y dominio absoluto de tus pensamientos, ni en resaltar la importancia del cuidado y atención que tu cerebro precisa, porque eso terminaría siendo una distorsión de lo que la propia mente es. Hay quienes afirman que la mente es el cerebro, no obstante, creo que es más acertado decir que es el cerebro el que se encarga de construir dicha mente, junto a la información que le llega del cuerpo y del entorno. Para mí, la mente tiene la misma forma que un grupo de música formado por tres componentes que en este caso son el cerebro, el cuerpo y el entorno. Es un grupo de música perfectamente sincronizado que te conduce a lo largo de la vida, que interpreta diferentes melodías, todas ellas necesarias para que la canción suene como debe sonar. Por lo tanto, hablar de tu cerebro sin hablar de tu cuerpo o del entorno supondría dejar fuera a dos tercios de la banda de música: es Destiny sin Child (Sí, Beyoncé —o tu cerebro— es pura fantasía, pero a las canciones les faltaría algo sin el resto de componentes del grupo).

Detengámonos un poco más para entender cómo estos elementos en su conjunto conforman la mente. Tu cerebro es el encargado de controlar y regular las funciones físicas, al mismo tiempo es el responsable de la capacidad cognitiva que te permite desenvolverte por el mundo en términos de pensamientos, recuerdos, planificación, organización, atención, toma de decisiones... También es el lugar donde uno conoce e interpreta sus emociones, necesitas para un sinfín de funciones.

Dentro de tu cerebro hay neuronas enlazadas entre sí, comunicándose a través de impulsos eléctricos por medio de supercarreteras a toda velocidad. Estas neuronas permiten a tu cerebro ser un comunicador nato, capaz de entender y dar forma a tu mundo y a la forma en la que te relacionas con él. Pero el cerebro no se comunica únicamente consigo mismo, sino que se comunica con el cuerpo al tiempo que recibe información del mismo. Y en esta carretera de doble sentido, lo que le suceda a tu cuerpo, le afectará a tu mente y a tu cerebro, y viceversa.

Por ejemplo, la forma en que pensamos y sentimos condiciona nuestra experiencia con el dolor: nuestras propias creencias respecto a la medicina repercuten en el grado de efectividad de la misma; el estrés crónico está asociado a un deterioro del sistema inmunológico, así como a una serie de patologías; la práctica de ejercicio físico puede resultar eficaz a la hora de abordar cuestiones de salud mental. Y lo que es aún más sorprendente, tanto el cuerpo como el cerebro están ligados estrechamente al entorno. El mundo le da forma a tu cerebro y, por consiguiente, a tu mente, y tu cerebro determina la forma en que percibes tu entorno. Lo percibes basándote en lo que conoces sobre él hasta el momento, es decir, en tus propias vivencias. Como seres sociales que somos, las personas que forman parte de tu entorno también son un factor que influye directamente sobre tu cerebro. La persona que represente en tu vida el cuidado y el acompañamiento a medida que creces influye en tu manera de enfrentarte e interactuar con el entorno, y será también quien facilite la formación de tus propias creencias y conductas. A lo largo de la vida ejercemos una influencia constante e inconsciente en el cerebro de los demás: el cerebro reacciona en función de lo que creemos que experimentan otras personas. Nos lo imaginamos y, como consecuencia, sentimos su dolor. Nuestro entorno está tan ligado al funcionamiento del binomio cerebro-cuerpo, que no es posible analizar la mente sin tener en cuenta el entorno en que esta se desenvuelve.

Por lo tanto, cuando analizamos cómo cuidar la mente en este libro, tenemos presentes los tres elementos: cerebro, cuerpo y entorno. Cada uno de ellos tiene un papel fundamental en el desarrollo de tu mente y, por lo tanto, es la base para cuidarla. Del mismo modo, la salud mental no reside únicamente en el cerebro (o en la mente), sino que se contempla como conjunto de todos los elementos corporales.

Entonces, ¿qué entendemos por una mente sana?

A diferencia de lo que se cree, una mente sana no es aquella que se siente feliz constantemente y no experimenta la tristeza u otras (lo que podríamos percibir como) emociones negativas. Como más adelante vamos a comprobar y comprender, es necesario experimentar estas emociones a lo largo de la vida. Para mí, una mente sana es aquella que te ayuda a cuidar de ti mismo y a tratarte con respeto, amabilidad y compasión. Te ayuda a entender tus emociones y a actuar en consecuencia para poder guiar tu vida, de modo que puedas reaccionar ante los obstáculos que la vida te pone en el camino, así como a gestionarlos. Puede que tu concepto de mente sana difiera de mi percepción. Así que me reafirmo en que merece la pena reflexionar sobre tu propio significado; así podrás identificar el momento en que tu mente se aleje de él y cuándo es necesario cambiar el plan y adoptar medidas adicionales para cuidarla.

Cómo utilizar el kit de herramientas

Todos necesitamos herramientas que nos permitan transitar por la vida. Aunque nuestra visión del mundo es parecida, no existen dos personas iguales, lo que a ti te resulte útil no tiene por qué serlo para otro; es algo personal: los medios que necesites dependerán de tus necesidades. Como tus necesidades cambian, las herramientas también lo harán en función de cómo lo hagan las circunstancias.

Este libro servirá de guía a través de una serie de recursos, utilizando modelos fundamentados en la salud mental y la propia mente.
La selección de estas herramientas es fruto de mi experiencia como profesional con las personas. Son los instrumentos que, a juicio de los pacientes, consideran más útiles, a los que recurren una y otra vez, las que les permiten vivir su vida de una forma más efectiva.

Empezaremos con una caja de herramientas vacía, que llenarás con las que necesites y elijas. A medida que vayas leyendo el libro, podrás identificar y seleccionar aquellas herramientas que te resulten más útiles. Tu caja de herramientas puede ampliarse en cualquier momento: puede que descubras que algunas se están oxidando y necesitas renovarlas, o puede que necesites unas herramientas completamente nuevas cuando la vida te lleve a otro lugar. También puedes deshacerte de ciertas herramientas cuando lo consideres oportuno, o guardarlas por si las vuelves a necesitar.

No es necesario leer este libro linealmente; puedes escoger entre los temas y las herramientas que necesites en ese momento.
Evidentemente, no he podido incluir todas las herramientas existentes, por lo que puedes incorporar aquellas que no figuren en el libro. Una vez que hayas conseguido completar tu caja de herramientas o kit emocional, podrás utilizarla para cuidar de tu mente y sacarle el mayor provecho a la experiencia de la vida moderna.

Mi caja de herramientas

Biiip Biiip Biip-biip Biiip
1543 Mensajes nuevos
Deja de ignorarme
Préstame atención AHORA
Hacer esto también:
Entregar formulario para becarios Ayer
Hacer esto:
Tareas pendientes
Formulario nº 62
Lo tengo controlado
Me supera
No olvidar
Respirar
Descansar
Ser agradecido
VIDA

Capítulo 1

Construyendo los cimientos del bienestar emocional

Cuidar de tu mente y de tu salud mental de forma proactiva: ¿qué significa verdaderamente? ¿Acaso las soluciones para conseguir una salud mental sana no son caras y complejas? Bueno, es cierto que la salud mental puede ser compleja, pues los seres humanos son complejos, y no siempre es fácil averiguar qué nos pasa ni qué podemos hacer al respecto. Sin embargo, quiero abandonar la idea de que velar por la salud mental sea algo misterioso e inalcanzable para la mayoría, o que exista una pócima mágica que acabe con todos nuestros problemas y nos permita cabalgar hacia un futuro feliz y lleno de arco iris en el que nunca más nos sintamos tristes. Buscar la "poción", o la solución definitiva, nos puede hacer sentir impotentes, al parecer que cuidar de nuestra salud mental está fuera de nuestro alcance. Además, tendemos a obviar las cosas más simples, que son precisamente las que mayor impacto tienen. En realidad, aunque los tratamientos destinados a tratar los trastornos mentales deben responder a las necesidades específicas de cada persona, lo que realmente ayuda a la mente y a la salud —tanto mental como física—, son esas mismas pequeñas cosas del día a día que son tangibles y alcanzables. Este capítulo pretende servir de guía para poder ir dando pequeños pasos que nos ayuden a controlar los factores que desencadenan el estrés, así como a encontrar una serie de vías asequibles para poder cuidar de tu mente.

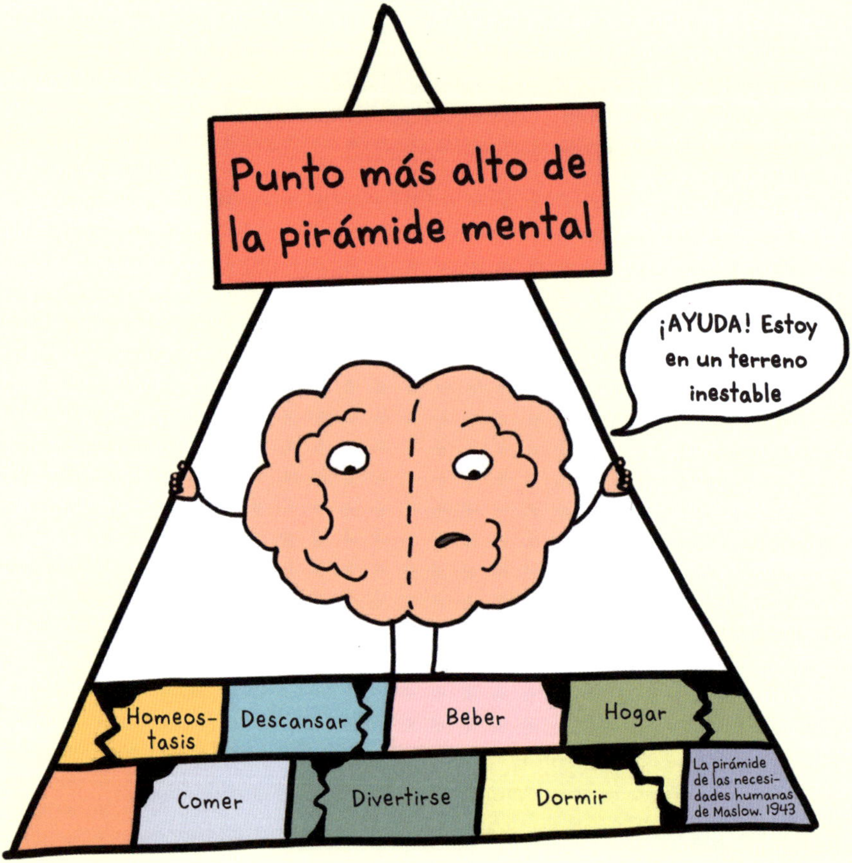
Punto más alto de
la pirámide mental
¡AYUDA! Estoy
en un terreno
inestable
Homeos-
tasis
Descansar
Beber
Hogar
Comer
Divertirse
Dormir
La pirámide
de las necesi-
dades humanas
de Maslow. 1943

No olvides lo más básico

Nuestro estado de ánimo está intrínsecamente ligado al cuerpo y a lo que a este le sucede en su interior. Cuando uno está cansado, sediento, enfermo o hambriento, es probable que se sienta mal en cierto modo. Y cuando te sientes de esa manera, es más probable que surjan ideas y pensamientos desagradables, mientras que al mismo tiempo habrá menos probabilidad de hacer cosas que te hagan sentir bien. Analizándolo desde una perspectiva más compleja, la falta de sueño, la falta de ejercicio y las enfermedades ejercen una influencia sobre el funcionamiento del cuerpo y el cerebro. El hecho de sentirse mal por los aspectos más elementales puede desencadenar en otros patrones de conducta y pensamiento que agraven el estado de ánimo.

Tu cerebro interpreta constantemente cómo te sientes, ya sea en relación con tu entorno o tomando como punto de partida tus experiencias anteriores, para así poder responder ante esa sensación. Cuando tu cuerpo se siente mal, puede ser un indicio de que algo no va bien. Hay muchas razones por las que el cuerpo puede verse afectado y sentirse mal: el hambre, la sed, una enfermedad, la necesidad de ir al baño, el cansancio, el dolor, los ciclos circadianos (fluctuaciones naturales de las sustancias químicas del cuerpo que inciden en el sueño, la vigilia, la temperatura corporal y otras funciones del organismo). Algunas de ellas, como el hambre o la sed, son más fáciles de regular que otras y se les puede poner remedio fácilmente. Sin embargo, el cerebro no es un mecanismo perfecto y, a veces, en su afán de búsqueda de sentido, malinterpreta simples sensaciones corporales.

¿Cuántas veces te has sentido confundido al pensar en el motivo por el que uno se siente tan mal, y lo has analizado sin descanso sin conclusión ni resultando alguno?

Mientras estabas reflexionando, te comes un sándwich tranquilamente y, de repente, empiezas a sentirte mucho mejor. El subidón de energía y azúcar en sangre de ese sándwich ha regulado tu cuerpo y ha mejorado tu estado de ánimo. Te sentías mal porque tenías hambre, pero a veces tu cerebro analítico ignora la respuesta más sencilla en busca de un sentido superior.

La gestión de lo más básico consiste en controlar el impacto negativo que puede surgir al no atender tus necesidades, y la repercusión que esto puede tener en tu estado de ánimo. Cuando nos referimos a los aspectos más básicos, no tenemos en cuenta sencillamente el modo de gestionar sensaciones y sentimientos desagradables, sino que nos referimos también a sentimientos que nos incomodan, sino que ponemos el foco en cómo procurar cultivar sentimientos enriquecedores. Si bien es más probable que lo esencial, como el sueño y una buena alimentación, nos haga sentir bien, también lo es que la diversión, el descanso y la relajación son también necesidades básicas que podemos prever y planificar para poder cubrirlas.

Aunque pongas los ojos en blanco en cuanto leas el término "autocuidado", no debemos subestimar su importancia. El autocuidado es el pilar sobre el que se asientan los cimientos que consolidan nuestra salud mental y nos dotan de una mayor capacidad de adaptación para afrontar las dificultades ineludibles de la vida; la ya conocida "resiliencia". He decidido centrarme en el sueño, la dieta, el entretenimiento y el disfrute, así como la relajación en estos ejercicios, pero hay otros aspectos básicos que también podría incluir como lo son el cuidar de tu salud física (por ejemplo, a través de revisiones médicas), del entorno en el que se vive, de tus finanzas y de disfrutar de la luz natural del sol. En este sentido, es fundamental que identifiques si hay alguna fisura en tus cimientos y que actúes en consecuencia siempre que puedas.

EJERCICIO 1

Cómo tapar las grietas de tus cimientos: Sueño

Un sueño de poca calidad no solo puede repercutir en tu estado de ánimo, también puede perjudicar tu capacidad cognitiva y tu salud. Con menos horas de sueño, tu capacidad para acometer cualquier tarea, concentrarte o retener información puede ser menor. Además, se cree que el sueño tiene una función específica en la codificación de los recuerdos, por lo que no es de extrañar que estés más despistado y tengas más descuidos si no descansas bien. Según investigaciones recientes, la fase del sueño puede ser el momento durante el cual las células gliales, responsables del correcto funcionamiento del cerebro, trabajen más intensamente, desechando todos los residuos, lo que puede tener importantes consecuencias para un buen mantenimiento del sistema cerebral y la salud en sí misma. Por eso es importante dormir lo suficiente y que ese sueño sea reparador y de calidad.

Sin embargo, lo irónico de todo esto es que, cuanto más lo intentas, más difícil puede resultar dormir. Ese intervalo de tiempo que transcurre entre el momento de irse a la cama y el de dormir propiamente, supone un lapso temporal que la mente puede llenar con todo tipo de preocupaciones. En una encuesta realizada en Instragam, nada menos que el 87 % de las personas afirmaron haber experimentado esta especie de llenado mental previo al sueño. Y cuando estamos preocupados o con un nivel de estrés mayor a lo que suele ser habitual, los patrones del sueño pueden verse alterados, y es posible que a lo largo de la noche podamos despertarnos más frecuentemente o tengamos más pesadillas. Si es tu caso, y tienes problemas para conciliar el sueño, habla con tu médico, pues puede que sea conveniente que te derive a una clínica del sueño o a algún experto en el abordaje del insomnio.

Puedes hacer uso de la siguiente lista para identificar los obstáculos que dificultan el sueño. Señala los que te parezcan más importantes y, una vez identificados, trata de resolverlos empleando las soluciones que se proponen.

Barrera del sueño: preocupación general o común

1. Anota lo que te inquiete o preocupe en ese momento antes de irte a dormir, de modo que puedas ocuparte de ello por la mañana. Entonces, si esas preocupaciones vuelven a rondar tu mente, recuérdate que te enfrentarás a ellas a la mañana siguiente.

2. Pon el foco en la respiración lenta, escucha y siéntela de manera consciente (las aplicaciones móviles para relajarte o respirar pueden ser de gran ayuda).

3. Busca la distracción a través de audiolibros o podcasts relajantes.

Barrera del sueño:
Dificultades para desconectar una mente ocupada

1. Evita las actividades que te estimulen y aporten energía de más o requieran demasiada concentración antes de acostarte.

2. Practica los mismos rituales para conciliar el sueño cada noche. Así podrás relajarte y establecer una serie de asociaciones directas al sueño.

3. Baja la intensidad de la luz hasta hacerla más tenue antes de irte a la cama.

4. No cenes demasiado tarde y procura no consumir cafeína a partir de las últimas horas de la tarde.

5. Trata de evitar las siestas a lo largo del día

Barrera del sueño: preocuparse por conciliar el sueño o esforzarse demasiado por hacerlo

1. Recuérdate a ti mismo que serás capaz de afrontarlo, incluso con solo unas horas de sueño.

2. Prueba con cualquiera de las técnicas de relajación o distracción anteriores para conciliar el sueño.

3. Intenta no dormir; puede que resulte raro, pero está comprobado que para algunos esta técnica funciona.

4. Si el insonmnio ataca, sal de la cama y haz algo que te relaje, entonces, vuelve a la cama cuando empiece a darte sueño.

5. Trata de evitar las siestas a lo largo del día.

Barrera del sueño: no dormir lo suficiente

1. Resetea el significado y valor que tiene el sueño para ti. Párate a reconocer que no es para los débiles, sino que su práctica lo mejora todo.

2. Dale prioridad al sueño y planifica cuándo acostarte y levantarte. Se ha demostrado que la constancia mejora el sueño.

3. Tu cama es para dormir, no para trabajar ni para entretenerte con el móvil.

4. Deja fuera del dormitorio cualquier dispositivo electrónico para que no estés pendiente de ellos en el transcurso de la noche. La luz azul activa el funcionamiento del cerebro y dificulta la liberación de melatonina.

EJERCICIO 2

Cómo tapar las grietas de tus cimientos: Alimentación

Tu cuerpo y tu cerebro necesitan comer y beber para poder funcionar de la manera más eficaz posible, tanto a nivel celular como en otros ámbitos. Por lo tanto, la falta de comida o de agua puede causar irritabilidad, además de otras sensaciones que pueden resultar desagradables. Afortunadamente, llevar una dieta variada, rica en frutas y verduras, puede tener un impacto positivo tanto en la salud en general como en la del cerebro específicamente.

La comida puede suponer una importante fuente de placer, permitiéndonos hacer una pausa, descansar y despertar emociones positivas. Sin embargo, como consecuencia de los mensajes que la sociedad nos lanza constantemente sobre la alimentación y el peso, la relación que establecemos con la comida puede ser increíblemente compleja. Puede que, en función de nuestro estado de ánimo, nos apetezca comer una cosa u otra, los conocidos antojos de los que luego nos arrepentimos. El ritmo de vida que llevamos se traduce en un consumo inconsciente; comer sin pensar qué comemos. Establecemos restricciones en la alimentación, y son las mismas las que nos hacen sentir bien en términos cortoplacistas, pero su impacto y repercusión es negativa si las contemplamos a largo plazo.

¿Y qué hay de las bebidas? Nos olvidamos de beber agua, lo cual nos conduce a deshidratarnos, y consecuentemente a sentirnos cansados. Abusamos de la cafeína, una droga al alcance de cualquiera que activa el sistema o reacción de lucha-huida (uno de los tratamientos más eficaces que he utilizado para la ansiedad fue lograr que alguien dejase de tomar un conocido refresco que en ese momento contenía altos niveles de cafeína). Recurrimos al alcohol para gestionar cómo nos sentimos, y aun así, lo que sucede frecuentemente es que el alcohol repercute negativamente en el funcionamiento del cerebro. Puedes considerarte una persona afortunada si nunca has tenido que temerle a la resaca.

Por lo general, hay una serie de variaciones y pequeños matices que puedes introducir en tus hábitos alimenticios y que pueden tener un impacto positivo en tu mente. En cualquier caso, si consideras que la relación que has establecido con la comida te impide comer de forma variada y regular o incluso disfrutar de la comida, sería conveniente abordar el tema con un profesional de la salud.

Utiliza la siguiente lista para comprobar e identificar tus hábitos alimenticios, incluyendo comida y bebida.

Analiza el impacto negativo que tienen tanto la comida como la bebida en tu estado de ánimo, así como las mejoras que puedes introducir para conseguir revertir

- ☐ *¿Como regularmente?*
- ☐ *¿Pongo restricciones a mi alimentación?*
- ☐ *¿Llevo una alimentación variada, incluyendo frutas y verduras?*
- ☐ *¿Bebo regularmente?*
- ☐ *¿Consumo demasiada cafeína?*
- ☐ *¿Consumo demasiado alcohol?*
- ☐ *¿Saboreo mi comida y como despacio?*

EJERCICIO 3

Planifica momentos de diversión y relajación

Cuando ponemos el foco en cuidar de nuestra mente, resulta sencillo limitarse a reaccionar a aquello que la vida nos pone en el camino y dejar de lado, incluso pasando por alto las cosas que realmente nos aportan algo de valor, algo positivo como la alegría y la propia relajación. Puede que sientas que no tienes tiempo para esas cosas, o creas que no las valoras lo suficiente, ni tampoco a ti mismo. En mi trabajo suelo hacer bromear diciendo que "el psicólogo ha recetado vacaciones" cuando la gente se siente culpable por hacer algo agradable, algo que les gusta. Los beneficios son doblemente importantes: el impacto positivo de hacer algo en sí y los sentimientos positivos que experimentas al anticipar, al pensar y planificar eso que te hace ilusión. Aunque a todos nos gusta tener vacaciones, no siempre es posible. Sin embargo, planificar la diversión, la alegría... no tiene por qué consistir en hacer algo a lo grande; de hecho, cuantas más cosas pequeñas, aparentemente insignificantes, se intercalen a lo largo de los días y de la propia vida, mejor.

Programarlas en tu agenda, en lugar de dejar ese hueco en blanco, implica una mayor probabilidad de consecución.

Los obstáculos que se interponen en esta "agenda de la alegría" son la culpa, el tiempo, la importancia que se le otorga y la falta de planificación, pero vivir experiencias que te resulten placenteras es fundamental en tu vida, ya que te ayudará a gestionar el estrés de forma eficaz, a relajarte y a activar los sistemas de recuperación y reparación del propio cuerpo. Hasta el más mínimo momento que dediques a tu disfrute y relajación pueden contribuir a ello, y pueden plantearse incluso en etapas más difíciles. Esos momentos, por breves que parezcan, en los que prime la alegría, pueden ser tu cable a tierra para conectar con ese sentimiento que te haga sentir mejor, más tú mismo.

Michelle Obama habla sobre planificar aquello que nos llena de alegría, y no solo poner orden en nuestra agenda laboral, sino a dedicar tiempo a planificar aquellas cosas con las que disfrutamos para que nuestra salud no se resienta. Y si Michelle puede hacerlo, también podemos nosotros.

Utiliza las siguientes preguntas para reflexionar sobre cómo podrías incluir más alegría y relajación en tu día a día

¿Qué tipo de pequeñas acciones llevo a cabo en mi día a día que me alegren?

¿Qué tipo de pequeñas acciones llevo a cabo en mi día a día que me ayuden a relajarme?

¿Cómo puedo integrarlas en mi vida?

¿Qué obstáculos tengo para planificar mis momentos alegres y mi tiempo para relajarme?

¿Cómo puedo asegurarme de que estas cosas no queden fuera de mi lista de tareas?

Los 5 pilares de la Salud Mental

Los 5 pilares de la salud mental

Me gustaría presentarte estos cinco pilares. Aunque no estén de acuerdo en todo, están bastante convencidos de que cada uno de ellos tiene algo que aportar a tu vida. Está comprobado que estas cinco cosas tienen la capacidad de contribuir de forma positiva a tu salud mental y a tu mente, lo cual no hace sino demostrar el vínculo intrínseco que existe entre la mente, el cerebro y el cuerpo, y la salud física y la mental.

Pilar 1: Conectar

El ser humano es un animal social, y son cada vez más las pruebas que evidencian que el aislamiento es perjudicial para nuestra salud. El hecho de estar con personas que nos hacen sentir seguros y protegidos, con las que compartimos experiencias y nos divertimos, puede inducir respuestas emocionales positivas y regular nuestro organismo, además de tratarse de un componente clave de una mente sana. Nos permite hablar de todo, validando y dando sentido a nuestros pensamientos, emociones y experiencias. Puede ayudarnos a resolver situaciones difíciles, y a ampliar nuestra forma de pensar para que podamos considerar otros puntos de vista. Aprendemos de quienes nos rodean, un aspecto que de por sí y, en esencia, favorece al cerebro y a la mente.

Según demuestran los datos recogidos de diversos estudios longitudinales, tener buenas relaciones es el factor más determinante para mantenernos felices y sanos. Ante un mercado sobresaturado de autocuidado, es fácil ignorar la eficacia del cuidado colectivo para nuestro bienestar. No siempre es fácil llevarlo a cabo si hemos vivido situaciones en el pasado que dificultan la confianza en la gente, o si el aislamiento es consecuencia de las circunstancias. Pero además, cuando uno pasa por un mal momento, suele querer apartarse, por lo que ver a otras personas puede resultar agotador. La clave está en conectar con aquellas personas que te hagan sentir bien, en las que confíes y con las que compartas tus intereses y valores. Aunque parezca difícil, merece la pena hacer el esfuerzo de crear y mantener relaciones, por los enormes beneficios que puede tener para ti y para tu mente.

Pilar 2: Estar activo

Todos sabemos de sobra que el ejercicio contribuye al bienestar físico; y dado que el cerebro es un órgano de naturaleza física, no es de extrañar que también sea beneficioso para él. La práctica de ejercicio permite que la sangre circule por el cuerpo, hace que los órganos vitales, las venas y las arterias funcionen correctamente (y hay muchas en el cerebro), proporciona una sensación de logro, libera algunas sustancias químicas que producen sensaciones placenteras y reduce la respuesta del cuerpo frente al estrés. Además, se ha demostrado que el ejercicio físico mejora el funcionamiento cerebral, así como los procesos cognitivos, como la atención, la concentración y la capacidad de asimilar nueva información.

El ejercicio es una práctica accesible y beneficiosa a cualquier edad.

Pensar en ello puede resultar desalentador, pero si cambiamos el foco de atención y nos centramos en el simple hecho de estar activos, puede resultarnos mucho más llevadero. Basta con moverse un poco para transformar las emociones, despejar la mente y experimentar esa sensación de logro personal. No descartes ningún tipo de actividad solo porque no la consideres un ejercicio tradicional: "moverse" puede ser correr, dar un paseo a la hora de comer, limpiar, hacer yoga, ocuparse del jardín, ir a una discoteca y hasta cantar. A largo plazo, será más probable que incorpores en tu vida actividades ligeras y amenas.

Pilar 3: Ser Consciente

Gran parte del área que ocupa el pensamiento en el cerebro corresponde a experiencias pasadas y futuros imaginarios. No hay nada malo en ello, el cerebro está desempeñando algunas de sus funciones clave: elaborar recuerdos, planificar, resolver problemas y anticiparse. Sin embargo, a veces todo ello ocupa un espacio tan limitado del cerebro que no nos damos cuenta de lo que ocurre en el momento presente. Desde el punto de vista de la psicología, es necesario ser conscientes de un problema —ya sean pensamientos, sentimientos o acontecimientos de la vida— para poder pasar a la acción.

Poner la atención en el momento presente puede regular la respuesta al estrés, activar los mecanismos de relajación del cuerpo y tener beneficios para la salud a largo plazo. Esta concepción se ha extendido recientemente, gracias a la creciente popularidad del yoga, la atención plena y la meditación. Puedes aplicar estos mismos principios para aumentar tu nivel de conciencia en el día a día.

Puede ser tan sencillo como centrar toda tu atención en lo que te rodea o en lo que estás haciendo en ese momento:

Sal a pasear y fíjate en el color de las hojas de los árboles, o fíjate en las características de los ingredientes, como los olores, la textura o el aspecto, cuando cocines. También puedes tomar conciencia de tu cuerpo para ayudarte a reconocer cómo te sientes y cuáles son tus necesidades. Cuando estés trabajando, detente de vez en cuando para observar cómo se siente tu cuerpo. ¿Necesitas un descanso o tal vez te gustaría dar un paseo rápido? Escucha tu respiración durante unos instantes. Observa tus patrones de pensamiento -sobre todo cuando experimentes cargas emocionales adversas- para ayudarte a escoger a qué pensamientos has de prestar tu atención y cuáles simplemente basta con, lejos de ignorarlos, ser conscientes de que están ahí.

Cualquier tarea que te sumerja de lleno en el presente es beneficiosa. Las actividades creativas, ya sea pintar, hacer tarjetas o practicar ejercicio, pueden hacer que tu atención se focalice en el aquí y el ahora. Para mí, es el bádminton: solo me concentro en recuperar el volante y ganar a mi marido. Para otros, es escribir, hacer teatro o cantar. Y, por supuesto, todas estas disciplinas tienen beneficios adicionales para la mente: logros, diversión y relaciones sociales.

Pilar 4: Aprender

El aprendizaje mantiene activo el cerebro, lo que le hace forjar nuevos vínculos, además de conferir un sentido de propósito, contribuyendo a desarrollar nuevas ideas. Las investigaciones constatan los beneficios para la salud a largo plazo, tanto para los aspectos emocionales como para el cerebro, como órgano físico que es. El desarrollo físico del cerebro se produce a medida que se desarrolla la comprensión. Me parece una maravilla, y personalmente considero que el aprendizaje es un buen ejercicio para el cerebro.

Sin embargo, puede que asociemos el aprendizaje al estrés, o incluso a la sensación de insuficiencia o de fracaso. En mi caso, el estrés sigue presente al recordar mis últimos exámenes. Pero el aprendizaje no tiene por qué consistir en hacer exámenes, memorizar las tablas de multiplicar o repetir los tiempos verbales en lenguas extranjeras: se trata de cualquier cosa nueva que el cerebro pueda descubrir. Puede ser leer algo nuevo, aprender otras palabras, explorar lugares nuevos, hacer alguna actividad diferente a lo habitual o degustar alimentos distintos (este último es, definitivamente, mi tipo de aprendizaje). Últimamente, mi método de aprendizaje preferido es escuchar podcasts y programas de radio; con ellos consigo reflexionar al tiempo que me resultan muy interesantes y relajantes.

Pilar 5: Dar

Los seres humanos somos fundamentalmente seres sociales y, en general, nuestros cerebros están diseñados para reflejar las emociones de otras personas —sentimos su dolor, percibimos su malestar— con el fin de poder empatizar con ellas. Si crees que alguien tiene ansiedad, es posible que tú también te sientas ansioso. Todo padre de un niño pequeño que grita sabe lo difícil que es no reflejar esos mismos sentimientos y responder con calma. Aunque, por momentos, la empatía nos pueda resultar poco agradable, nos servirá de ayuda para reconfortarnos al ayudar a otros.

Seguramente habrás oído hablar del "subidón del ayudante", cuando nos sentimos bien porque hemos hecho algo bueno por los demás. Está demostrado que ayudar a los demás tiene efectos positivos para la persona que ayuda: nos sentimos mejor, regulamos el estrés y reforzamos los vínculos sociales. Por otra parte, presenta beneficios fisiológicos directos, como la disminución de la presión arterial, por lo que parece mejorar la salud, tanto física como mental. De hecho, dar a los demás parece tener un efecto más beneficioso que ser el que recibe la ayuda.

Y tú dirás: "Bueno, está bien, pero no me sobra el dinero como para regalarlo". Integrar la generosidad en tu vida no tiene por qué costar dinero. El tiempo y la confianza son bienes que puedes dar:

dedicar tiempo a escuchar a los demás, ofrecer tu ayuda a alguien, escribir una nota para dar las gracias, decirle a tu amigo lo mucho que significa para ti. Si quieres ir más allá (y tienes tiempo), prueba a hacer un voluntariado, a donar a un banco de alimentos, a ayudar a plantar en un parque local, a llevar tus toallas viejas a una perrera o a ofrecer comida cocinada a alguien que esté pasando por una situación delicada. Hay muchas maneras de dar, solo tienes que ser creativo para pensar en lo que puedes hacer y cómo puedes incorporarlo en tu vida.

EJERCICIO 1

Haciendo uso de los pilares en tu vida

Completa el diagrama con ideas sobre cómo podrías incorporar los 5 pilares a tu vida. Sé lo más creativo posible sobre cómo puedes aplicar estos principios a tu vida cotidiana.

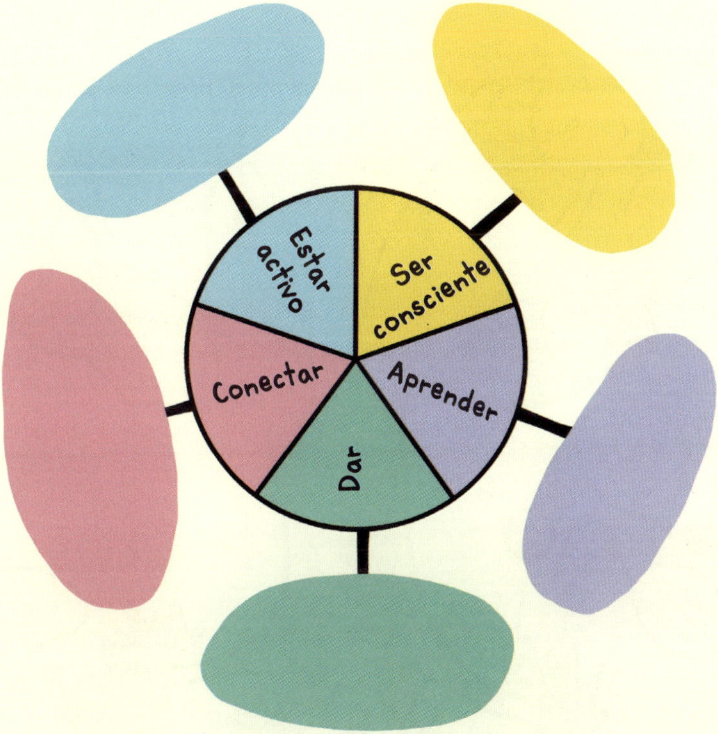

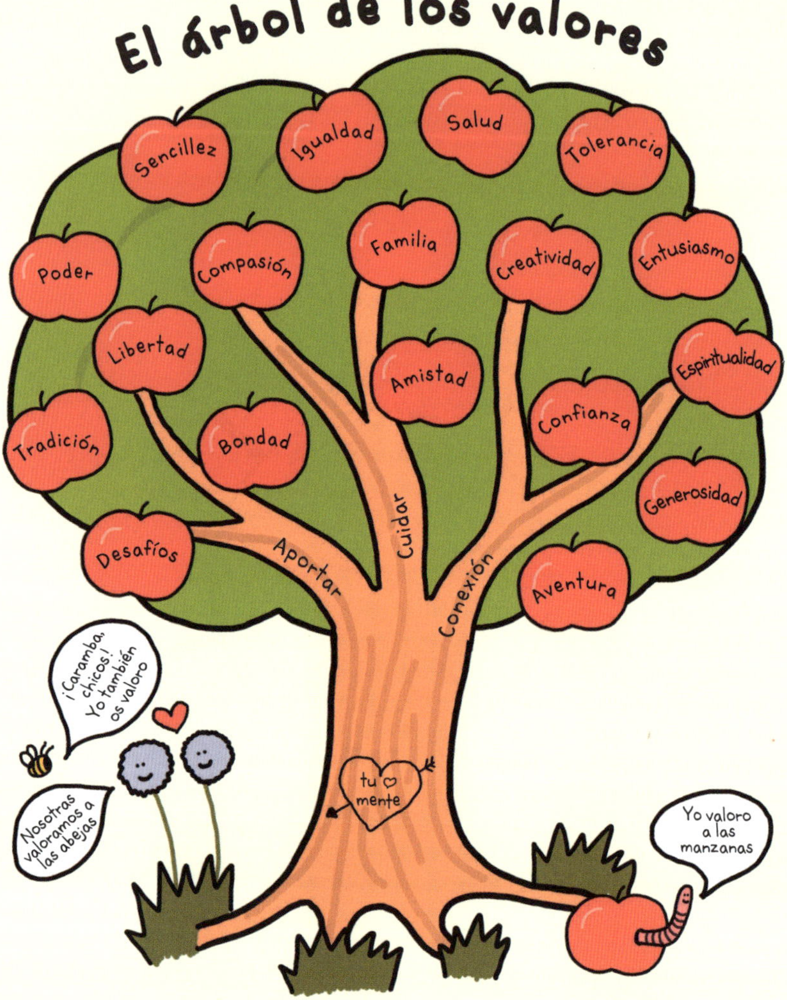

El árbol de los valores
Sencillez
Igualdad
Salud
Tolerancia
Poder
Compasión
Familia
Creatividad
Entusiasmo
Libertad
Amistad
Espiritualidad
Tradición
Bondad
Confianza
Generosidad
Desafíos
Aportar
Cuidar
Conexión
Aventura
¡Caramba, chicos! Yo también os valoro
Nosotras valoramos a las abejas
tu ♡ mente
Yo valoro a las manzanas

¿A qué le doy valor?

¿Qué es importante para ti? ¿Qué tiene significado en tu vida? No me refiero a lo que quieres conseguir en la vida. Lo que te pregunto es qué es lo que hace que tu vida valga la pena. ¿Qué es lo que te hace sentir que has aprovechado tu tiempo y energía, que suelen ser limitados, de la mejor manera posible? Sí, los logros podrían ser una parte, pero no lo son todo. Se trata de participar en diferentes actividades y prácticas e interactuar con la gente de forma que sea congruente con lo que uno valora. Se trata de darle prioridad a tus valores como elemento esencial de tu vida.

Las investigaciones fruto de este asunto sugieren que vivir una vida en consonancia con tus valores hace que tu mente funcione de forma más saludable. Vincular tus valores a tu vida te da un propósito y un sentido, necesidades humanas esenciales. Esto respondería a la pregunta "¿Cuál es el sentido de la vida?", porque el sentido es comprometerse con lo que fundamentalmente te importa. Si alguna vez te has sentido incómodo por hacer algo, o por el propio comportamiento de otra persona, es posible que sea porque percibas que ese gesto no encaja con tus valores. Tus valores pueden orientar tus acciones y ayudarte a comprender cómo te sientes.

Son tus valores los que te acompañan en las buenas y en las malas. Yo tengo unas directrices, unas normas y una ética que guían mi práctica profesional y, del mismo modo, tú puedes utilizar unas directrices y una ética personales para conducir tu vida. Aunque no necesariamente sepas lo que te espera, puedes encaminar tus actos, las respuestas a lo que te va sucediendo en el camino, en consonancia con tus valores. La vida está llena de decisiones perpetuas, permanentes, comenzando desde las más insignificantes del día a día en las que ni siquiera tienes que pensar, hasta las más importantes que pueden tener un gran impacto. Si bien es cierto que los valores no harán que las decisiones sean necesariamente fáciles, pueden convertirse en un recurso de gran utilidad para su toma.

No es algo sobre lo que solamos reflexionar en nuestro día a día. Me resultaría un poco raro que mis amigos me preguntaran: "Oye, Emma, ¿cuáles son tus valores?" o "¿Has cumplido con ellos hoy?", cuando lo que realmente quiero es saber qué opinan de la última serie de Netflix. Puede que te hayas parado a pensar en tus valores dentro del marco de una evaluación profesional, pero no existe una evaluación automática en la que se analice si tus acciones concuerdan con los principios y valores que guían tu vida en líneas generales. Así que, vamos a hacer una evaluación de la vida ahora mismo.

EJERCICIO 1

¿A qué le doy valor?

No hay valores correctos o incorrectos, esto sencillamente trata de establecer qué es importante para ti. Los valores no son sinónimos de estado de ánimo, tampoco son las metas que quieres alcanzar, son tu guía para avanzar en la vida.

Piensa en todas las cosas que son importantes para ti y anótalas en un trozo de papel. Utiliza el árbol de los valores (que podrás encontrar en la ilustración de la página 36) para inspirarte y tener ideas acerca de los valores más comunes que la gente suele identificar. Las preguntas que a continuación te planteo también pueden orientarte.

¿Qué me gustaría que la gente recordase de mí?

Si echase la vista atrás, ¿de qué me sentiría más satisfecho?

¿Qué cualidades aprecio de los demás?

¿Qué cosas hago cuando me siento que soy la persona más feliz del mundo?

¿Qué me hace experimentar la sensación de logro?

Una vez que hayas respondido a estas preguntas, te darás cuenta de que existen diferentes temáticas. Escoge cuatro de los valores o temas más importantes para ti: son tus valores de referencia. Lo he hecho parecer sencillo y bonito, pero puede llevar tiempo identificar tus valores, por lo que he incluido algunos recursos en la lista de lecturas (página 188) que pueden servirte de ayuda.

Integrar tus valores en tu vida

A partir de ahora puedes plantearte qué áreas de tu vida podrían estar más en sintonía con tus valores. Por ejemplo, si uno de tus valores es la conexión, ¿qué haces para incorporarla? ¿Hay algo más que puedas hacer para vivir de acuerdo a ese valor? ¿Podrías mandarle un mensaje a un amigo al que hace tiempo que no ves?

Escribe en las banderas los valores que has identificado en el ejercicio 1. Anota en el bloque de cada montaña las ideas que te permitan poner en práctica estos valores a través de acciones en tu vida diaria. Quizá ya estés llevando a cabo algunas, así que anótalas también.

No olvides que las ideas pequeñas y factibles tienen más posibilidades de éxito. (Mi idea más reciente ha sido comprar café para llevar únicamente cuando me acuerde de llevar mi taza reutilizable, para que concuerde con mi valor de tratar de cuidar el medio ambiente).

Integrar tus valores en tu vida

EJERCICIO 3

Toma de decisiones: el indicador de valores

La idea de un indicador de valores puede ayudarte a tomar decisiones en función de tus valores. Visualiza una señal con dos flechas que apuntan en direcciones opuestas: una apunta "hacia tus valores" y la otra apunta "lejos de tus valores". Este concepto puede utilizarse en la toma de decisiones de dos maneras:

1. Puede ayudarte a distinguir cuándo estás eligiendo, a ser consciente de ello y a tomar una decisión activa, en lugar de sentirte como si estuvieras simplemente dejándote llevar. Por ejemplo, la próxima vez que cojas el teléfono, puedes detenerte, pensar en la señal y preguntarte si eso te acerca a tus valores, como puede ser conectar con tus amigos o ayudarte a relajarte, o, si, por el contrario te aleja, como por ejemplo, hacer las cosas sin pensar por inercia y hacerte sentir fuera de lugar.

2. Puede ayudarte a tomar decisiones difíciles, pues te invita a pensar en el resultado que mejor se ajusta a tus valores. Utiliza la señal para pensar hacia dónde te llevan tus decisiones. ¿Te acerca a tus valores o te aleja de ellos? Por ejemplo, ¿te va a permitir tu nuevo trabajo practicar más actividades afines a tus valores, o te va a apartar de ellos?

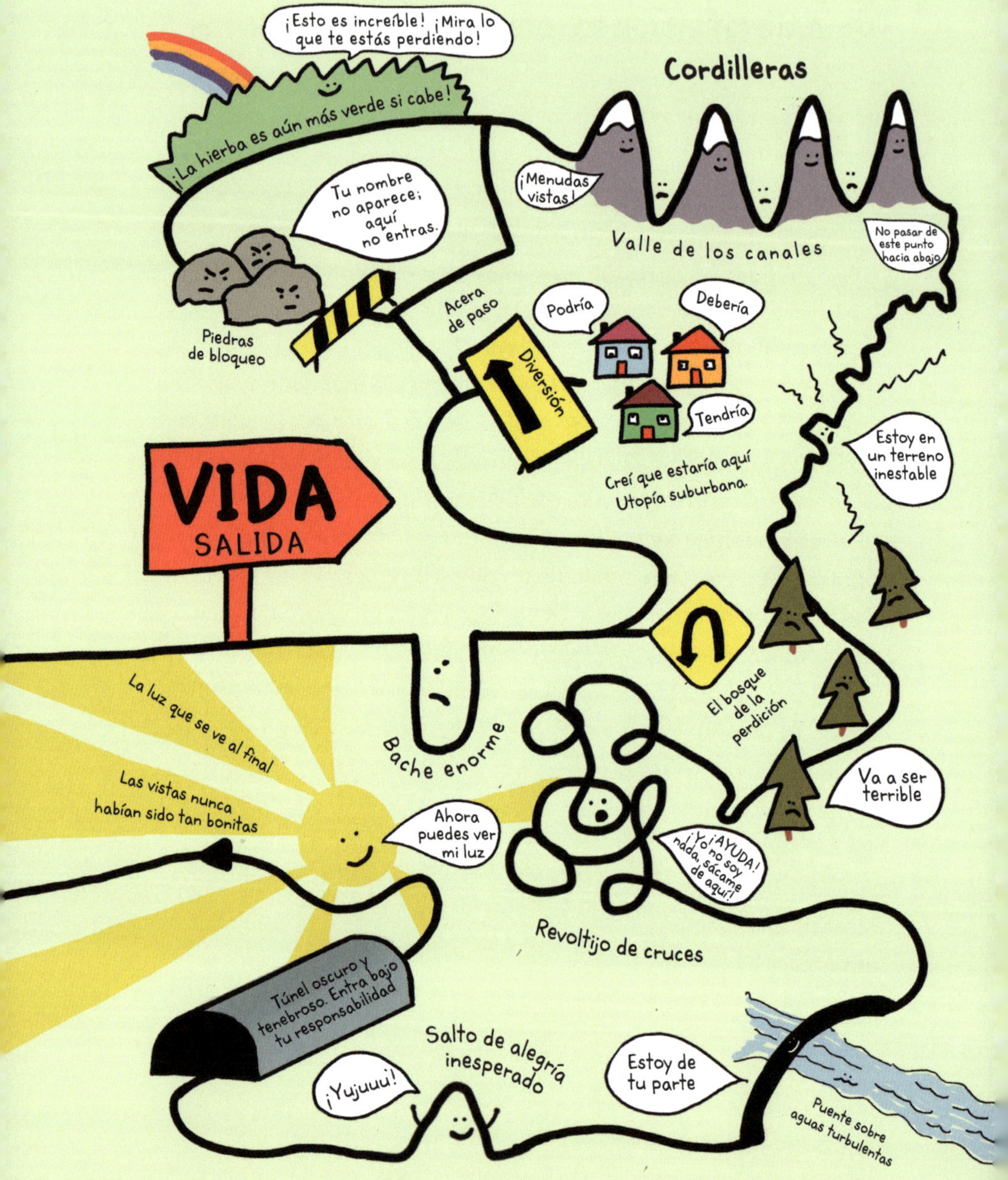
¡Esto es increíble! ¡Mira lo que te estás perdiendo!
¡La hierba es aún más verde si cabe!
Cordilleras
¡Menudas vistas!
Valle de los canales
No pasar de este punto hacia abajo
Tu nombre no aparece; aquí no entras.
Piedras de bloqueo
Acera de paso
Diversión
Podría
Debería
Tendría
Creí que estaría aquí
Utopía suburbana.
Estoy en un terreno inestable
VIDA
SALIDA
El bosque de la perdición
Va a ser terrible
Bache enorme
La luz que se ve al final
Las vistas nunca habían sido tan bonitas
Ahora puedes ver mi luz
¡AYUDA! Yo no soy nada, sácame de aquí!
Revoltijo de cruces
Túnel oscuro y tenebroso. Entra bajo tu responsabilidad
Salto de alegría inesperado
¡Yujuuu!
Estoy de tu parte
Puente sobre aguas turbulentas

Capítulo 2
La montaña rusa de la vida

Son solo algunos los afortunados que pasan por la vida sin prácticamente experimentar situaciones estresantes o dificultades. Para el resto de los mortales, la realidad tiene más que ver con entender que la vida tiende a ponerte piedras en el camino, y a veces rocas, generando una serie de altibajos, giros bruscos y vueltas de campana.

Es necesario encontrar la manera de recorrer este camino, y todas las emociones que a él se asocian, de la forma más provechosa posible. Por mucho que intentemos controlar el rumbo de nuestra vida, puede haber curvas insospechadas, barreras en el trayecto, callejones sin salida e incluso grandes terremotos que hagan que nuestros cimientos se tambaleen. Por eso, el estrés es una consecuencia casi inevitable de viajar por esta carretera. Aunque el estrés no siempre es malo, a veces se acumula hasta el punto en que tienes más asuntos que atender de lo que puedes abarcar, tanto desde el punto de vista práctico como emocional, y ese camino te conduce a la "tierra del desbordamiento", un lugar en el que puedes sentirte confuso, fuera de control y sin saber hacia dónde ir. Este capítulo se centra en la importancia de comprender y gestionar el estrés y la capacidad, utilizando el vaso de la capacidad (páginas 44-51), y en cómo sobrellevar los momentos estresantes lo mejor posible cuando la vida te pone piedras en el camino.

El vaso de la capacidad

El vaso de la capacidad

Coge una taza de té, no importa si usas tu taza favorita o una delicada taza de porcelana, cualquiera de las dos es perfecta. ¿No te gusta el té? Una jarra de cerveza o un vaso grande de café con leche son igual de buenos. De hecho, cualquier recipiente para beber sirve, excepto una taza de café americano o un vaso de chupito, ya que son demasiado pequeños. Ahora siéntate y disfruta bebiendo. No, ¡espera! Antes de hacerlo, fíjate bien en esa taza y piensa en ella de otra manera.
Imagina el espacio que hay dentro del vaso: tiene una capacidad limitada, y si está demasiado lleno rebosará. Este vaso representa tu capacidad emocional. Es tu vaso de la capacidad.

Todos tenemos una capacidad emocional limitada. Todo lo que haces es lo que ocupa tu vaso de capacidad. Las cosas mundanas y triviales pueden ocupar una parte mínima de tu capacidad. Tener dos niños pequeños correteando por ahí requiere más recursos a la hora de controlarlos, por lo que supone una mayor parte de la capacidad. ¿Se acercan acontecimientos importantes en tu vida, una entrevista de trabajo o unas pruebas médicas? La capacidad se agotará al planificar y pensar en ellos. Incluso los buenos planes, como organizar una fiesta o visitar a los amigos, consumen cierta capacidad. La cantidad de capacidad que cada asunto requiera dependerá de cada persona.

Hay cosas que, sin apenas darnos cuenta, se cuelan en nuestro vaso de capacidad y lo colman haciendo que rebose. Lo estresante tiende a consumir más capacidad en la medida en que necesitamos emplear más tiempo, energía y espacio cerebral para pensar en ello. Otras veces, cuando la vida nos somete a grandes cargas de estrés, el vaso se llena de golpe.

Reconocer los límites de la capacidad de tu vaso en un momento dado puede ayudar a gestionar el estrés. A medida que te aproximas al tope, te queda menos capacidad emocional. Esto significa que incluso cualquier mínimo detalle puede agotar tu capacidad restante y desbordar tu vaso. ¿Te has sentido alguna vez devastado por un hecho aparentemente insignificante, como que se rompa un vaso o que no quede leche en la tienda, o agobiado por algo que normalmente resolverías con facilidad? Lo más probable es que no tengas la capacidad de gestionarlo en ese momento.

Esto podría ser desconcertante. ¿Por qué reaccionas así ante algo tan insignificante? ¿Por qué no puedes hacer aquello que en condiciones normales te resultaría tan simple? Cuando tu vaso tiene una gran capacidad, este tipo de cosas apenas te estresan, pues solo llenan un poco más tu vaso. Sin embargo, cuando estás al límite, en la zona roja, es probable que tu reacción ante determinadas situaciones sea algo menos racional, que tus emociones se vuelvan más intensas y que te resulte más complicado planificar y resolver problemas.

Sencillamente, no dispones del espacio cerebral necesario para retroceder y pensar con claridad en la situación a fin de abordarla, puesto que no cuentas con la suficiente capacidad emocional que te lo permita.

EJERCICIO 1

¿De qué se está llenando tu vaso?

Dibuja tu vaso en un papel y a continuación anota lo que hay en él, es decir, lo que está consumiendo tu capacidad emocional ahora mismo. Cualquier asunto es susceptible de utilizar tu capacidad: preocuparte por otras personas, planificar eventos futuros, ocuparte de las tareas cotidianas como el trabajo y el cuidado de los niños, incluso tener hambre o sed. Cualquier acontecimiento imprevisto que nos cause estrés tiende a agotar nuestra capacidad de golpe.

Cada vez que pongas algo en el vaso, dibuja una línea para indicar el nivel en el que se encuentra, o traza un círculo alrededor de él para indicar la capacidad que está empleando. La capacidad es muy subjetiva, de modo que lo que para una persona puede suponer un espacio mínimo, para otra puede representar un volumen mayor. Además, la misma idea puede necesitar diferentes niveles de capacidad en función del momento en que ocurra. Por ejemplo, si trabajas más horas de lo normal, el trabajo ocupará más capacidad de lo habitual.

Es posible que tengas algún problema de fondo que te robe gran parte de tu capacidad incluso antes de que empieces a ocuparte de todo aquello que sucede en el día a día. Si, por ejemplo, estás lidiando con una enfermedad y sus síntomas, esto rellenará parte de tu capacidad. El dolor y la fatiga también llenarán el vaso, que podrá variar con el paso de los días a medida que los síntomas varíen. Consecuentemente, puede que tu capacidad de base disminuya con regularidad; reconocerlo y validarlo es importante, puesto que puede resultarte útil a la hora de gestionar tu rutina diaria, cuyo impacto en la capacidad es aún mayor.

Ahora que ya lo has metido todo, ¿puedes comprobar si el vaso está lleno? ¿Cuánto espacio te queda? Resulta asombroso darse cuenta de cuántas cosas consumen tu capacidad emocional. Tómate un momento para pensar en ello, o coméntalo con un amigo. Ser consciente de tu propia capacidad, comprender lo que la está llenando y hasta dónde llega, puede facilitarte la gestión de esa capacidad de forma proactiva, ayudándote a pasar a la acción antes de llegar al punto de colapso.

EJERCICIO 2

¿De qué se está llenando tu vaso?

Cómo detectar las señales de que estás llegando al nivel rojo.

Cuando nuestro vaso de capacidad está a punto de llenarse, tendemos a reaccionar de forma menos racional, nuestro enfoque es más rígido, podemos estar irritables y nuestras respuestas emocionales tienden a ser muy intensas y más reactivas. El truco para afrontar esta situación es detectar las señales que nos advierten de que nuestra capacidad se está saturando. Lo ideal sería identificar la zona ámbar antes de llegar al tope, para evitar que el vaso se desborde.

Utiliza el diagrama que aparece al lado para identificar y anotar tus señales personales cuando estás en la zona roja (en riesgo de desbordamiento), y las burbujas para detectar lo que ocurre cuando te desbordas. Identifica tus propios indicios de que estás en la zona verde o ámbar y te acercas rápidamente al rojo. La zona ámbar es una señal de que necesitas pensar en tu capacidad y en cómo puedes gestionarla antes de que tu taza se desborde. Ser consciente de tu potencial también puede ayudarte a entender las emociones. Comportarse de una manera distinta a la que se espera o que está fuera de lugar puede llegar a ser confuso y angustioso. Como aquella vez que gritaste a tus hijos por algo irrelevante; no tenía ningún sentido que lo hicieras y te culpaste a ti misma por ser una mala madre.

Pero a veces, cuando uno se aleja y ve cuál era su nivel de capacidad en ese momento, todo parece más claro. Con la capacidad al límite —por tener un día estresante en el trabajo, por las prisas para recoger a los niños en el colegio, por presenciar un accidente de tráfico— ya estabas

Anota en las burbujas lo que sucede cuando tu taza se desborda

al límite, en la zona roja. De ahí que aquello tan aparentemente inofensivo, que en condiciones normales habrías resuelto sin problemas, colmara tu capacidad. Eso no cambia lo que ha sucedido, pero si tomas conciencia de tu capacidad, es más probable que puedas identificar lo que ocurre de nuevo y afrontar la situación de otra forma la próxima vez.

Todos tenemos señales particulares que nos permiten identificar con claridad el límite de nuestra capacidad. Es posible que si te acercas al límite, puedas notar la tensión en tus hombros o cierta dificultad para respirar. Puede que te agobies, te sientas estresado, fuera de sí o incluso te parezca que hay situaciones que escapan a tu control. Reconocer estas señales puede ser muy útil para comprender el alcance de tu vaso de capacidad, y así poder tomar las medidas oportunas.

EJERCICIO 3

Hora de pasar a la acción

Estás de mal humor, estresado, sobrecargado. Enhorabuena: has detectado las señales que indican que estás en la zona ámbar. Parece que estás rozando el límite de tu capacidad. Es hora de actuar. Aquí tienes tres formas de gestionar tu capacidad antes de que tu vaso acabe rebosando y llegues al punto de desbordamiento:

1. Agítalo bien

Saca algunas cosas del vaso. ¿Hay algo que se pueda tirar a la basura? ¿Hay alternativas más sencillas que puedas llevar a cabo en su lugar? ¿Puedes pedirle ayuda a alguien? A veces nos resistimos a tirar cosas por considerar que deberíamos tener la capacidad suficiente para hacerlo todo y que, de lo contrario, estaremos fracasando. Sin embargo, el hecho de deshacerse de algunas cosas del vaso representa una forma de afrontamiento activa a través de la cual podrás emplear un mayor número de recursos en aquellos que decidas mantener en tu vaso.

2. Ya es suficiente

Es el momento de decir NO. Si estás al borde del límite de tu capacidad, procura mantener todo lo que puedas fuera del vaso. Antes de asumir algo nuevo, pregúntate si va a suponer una sobrecarga para tu vaso. Si la respuesta es SÍ, entonces la respuesta a lo nuevo es NO. No siempre es factible, naturalmente, y decir que NO puede ser complicado. Pero si puedes elegir, entonces para y piensa en ello antes de decir que sí.

3. Hazlo por ti

Dedicar tiempo a uno mismo puede parecer una pérdida de recursos esenciales, y posiblemente creas de forma equivocada que eso va a ser perjudicial para tu capacidad. Uno de los ejemplos más comunes es saltarse la comida porque se tienen demasiadas cosas que hacer. Por el contrario, cuidar de uno mismo aumenta considerablemente la capacidad, ya que disminuye el estrés y proporciona al cerebro un margen de maniobra más amplio. Trata de dedicar parte de tu tiempo a fomentar los buenos hábitos de descanso y de alimentación, a reducir tus índices de estrés y a hacer lo que te haga sentir bien, con la convicción de que así estarás mejor preparado para ocuparte de todo lo que queda en el vaso.

¿Qué hay en el caparazón que amortigua el golpe?

Cuando la vida te pone piedras en el camino

Es poco probable que pases de puntillas por la vida, sin tropezar con los obstáculos que la misma te pone en el camino.
Cuando apenas hemos experimentado situaciones complejas, tendemos a pensar que los problemas son cosa de los demás. Pese a que carece de sentido alguno vivir en un estado de alerta constante, el impacto que generan las adversidades será mayor cuando acontezcan. Mientras tanto, las personas que se han enfrentado a una situación difícil pueden estar excesivamente atentas a cualquier señal que implique que pueda volver a ocurrir. Sus experiencias pasadas y la comprensión resultante hacen que su cerebro esté siempre pendiente de ello, en un intento de protegerle. A pesar de los esfuerzos del cerebro, cuando se presentan sucesos difíciles y traumáticos en la vida, tienden a aflorar emociones fuertes, al tratar de encontrarle sentido a lo sucedido. Se trata de una reacción absolutamente normal ante lo que, con suerte, son acontecimientos vitales anormales. Saber esperar y comprender las emociones difíciles no las hace necesariamente más fáciles, porque sentirse mal sienta mal. En cambio, sí que puede evitar que empeoren.

A menudo, los momentos más difíciles de la vida traen consigo cambios a los que tenemos que adaptarnos. Hemos de aprender que los desvíos de la senda de la vida no son más que la oportunidad de emprender un camino nuevo en el que avanzar con una mochila llena de aprendizajes y vivencias.
No se trata de un simple cambio en lo cotidiano, sino de un desvío que también hace temblar nuestra proyección de futuro. Las dificultades a veces nos sacuden de lleno y nos hacen cuestionarnos nuestra identidad, nuestras estrategias de afrontamiento e incluso las creencias que nos han acompañado durante tanto tiempo y que

nos han ayudado a desenvolvernos en la vida (más adelante hablaremos de las creencias).

Tus estrategias de afrontamiento son la forma en que has aprendido a gestionar tu vida hasta el momento, y están ahí para ayudarte a transitar por el mundo. Pueden actuar como una capa protectora que amortigua la caída ante las piedras que la vida te pone en el camino. Otras veces, hay que levantar un muro de protección y acordarse de utilizarlo cuando se necesite un poco de apoyo adicional. También habrá momentos en los que descubras que las estrategias de afrontamiento que siempre han sido efectivas, han dejado de funcionar frente a las nuevas circunstancias y hay que adecuarlas.

EJERCICIO 1

Cómo construir tu muro de protección

Es tu muro de protección el que amortigua el impacto cuando la vida te pone piedras en el camino, y ese muro se construye sobre la base de tus propias estrategias de afrontamiento. Puede que el estrés despierte la necesidad de refugiarte debajo de las mismas piedras, y lo de hacer uso de tus estrategias de afrontamiento te resulte aplastante. De hecho, a veces la estrategia de afrontamiento adecuada es esconderse, quizás no debajo de las piedras, pero sí bajo una manta enorme y calentita todo el día, si es eso lo que te ayuda. Otras veces, merece la pena preguntarse si la incomodidad y el esfuerzo a corto plazo que supone salir de debajo de las "piedras" puede beneficiarte más que quedarte quieto.

En ocasiones, es la vida la que se interpone en tu camino para poder aprovechar al máximo tus estrategias de afrontamiento. Tal vez tengas que contemplar otras alternativas que te permitan disfrutar de los efectos positivos sin necesidad de recorrer todo el camino. Si sabes que hacer ejercicio te hace sentir bien pero no te decides a ir al gimnasio, trata de dar un pequeño paseo en su lugar. Te gusta hablar con tus amigos, pero no puedes verlos en ese momento: ¿podrías quedar con un amigo con el que tengas confianza o bien mandar un mensaje de WhatsApp? Una de las claves de las estrategias de afrontamiento es no considerarlas como un todo o nada, sino analizar la posibilidad de obtener algún beneficio poniéndolas en práctica con un enfoque ligeramente diferente.

Párate a pensar y anota los componentes principales de tu muro de protección. ¿Qué estrategias de afrontamiento utilizas para atenuar el impacto de los acontecimientos vitales que más estrés generan? No olvides recurrir a esta lista de estrategias de afrontamiento cuando sientas que el agobio te invade.

Desenreda la maraña mental

EJERCICIO 2

Cómo desenredar la maraña mental: Reconocer y aceptar tus emociones

Cuando la vida te pone piedras en el camino, la capacidad de tu vaso puede colmarse rápidamente hasta llegar al punto de abrumarte. Llegados a este punto, tus emociones suelen ser lo más parecido a un ovillo de lana: enorme y enmarañado. Tu cerebro parece estar desordenado y confuso, y tanto las emociones como las sensaciones físicas que experimentas son más intensas de lo habitual, lo que en tu cuerpo se traduce como una especie de paralización provocada por el frío, sobreestimulación o entumecimiento. No dispones de espacio para dar un paso atrás y reflexionar, así que sientes que todo está fuera de control, e incluso te castigas por sentirte mal, en lugar de entender que se trata de una respuesta natural. Sentirte así te hace sentir aún peor, cuando tal vez sería mejor reconocer, aceptar y validar esas emociones, empleándolas como una clara muestra de la importancia de un trato amable y cuidadoso con uno mismo, sobre todo en los momentos más estresantes.

Prueba con este ejercicio de enredo cerebral para empezar a desenmarañar lo que sientes y por qué lo sientes. La finalidad no consiste en deshacerse de las emociones: el objetivo se centra en reconocer y dar sentido a lo que se siente. También se trata de tomar distancia y verlo como un hecho externo de la vida, en lugar de interiorizarlo como algo que tiene que ver con uno mismo o culpabilizarse.

1. Utiliza la ilustración que aparece en la página anterior para anotar cualquier cosa que se te pase por la cabeza y que ocupe parte del espacio cerebral. Puede tratarse de un sentimiento, un pensamiento o una preocupación. Añade alguno de estos elementos al final de cada hilo. La idea es volcar en el papel todo lo que hay en tu cabeza. Escribe todo lo que se te ocurra.

2. Una vez que sepas lo que hay en tu cerebro, quizá sea más sencilla la forma de abordarlo. Puede que se te ocurran varias ideas respecto a los próximos pasos que dar. También puede encaminarte hacia otras herramientas incluidas en este libro que te servirán de ayuda. Sin embargo, el objetivo principal es expresar con palabras cómo te sientes y ser capaz de explicar la maraña mental que hay en tu mente.

EJERCICIO 3

Esfuérzate por mejorar

Cuando el estrés y el agobio te invaden, la posibilidad de entrar en un estado de ansiedad que nos paralice aumenta. Como resultado, a menudo solemos dejar de lado cuidados tan básicos como comer cuando toca o descansar cuando se debe, también de planes con los que solemos disfrutar. También somos más propensos a recurrir a soluciones rápidas para sentirnos mejor: tomamos más café o bebemos más por lo general; comemos más y el cuerpo nos pide cosas dulces o carbohidratos para tener un chute de energía; hacemos un uso más frecuente de las compras a través de internet y gracias a hacer un simple clic. Nada de esto es de por sí negativo, y a corto plazo puede suponernos un alivio, lo cual está bien. Pero a veces, con el tiempo, estas medidas solo empeoran las cosas, y debemos tenerlo en cuenta.

Aunque pueda darte la impresión de que estás malgastando tu tiempo, si te esfuerzas por cuidar de ti mismo cuando estés estresado, podrás aumentar tu nivel de capacidad para superar los momentos difíciles. Al menos, hay algo que puedes hacer y que depende de ti; por eso, no prescindas del desayuno, prepáralo la noche anterior. Lleva una botella de agua para el día siguiente. Saca tiempo para darte un paseo de 15 minutos a la hora de comer.

Desenreda la maraña mental

Vuelve a lo esencial y procura sumergirte aún más a fondo para poder navegar mejor en los momentos difíciles.

Piensa cuál es la mejor manera de cuidarte. Quizá hayas dejado de lado algunos hábitos beneficiosos o hayas optado por otros menos adecuados a causa de los altos índices de estrés o sobrecarga. Anota en cada boya un gesto pequeño y fácilmente asumible que te ayude a mantenerte a flote.

Las emociones son...

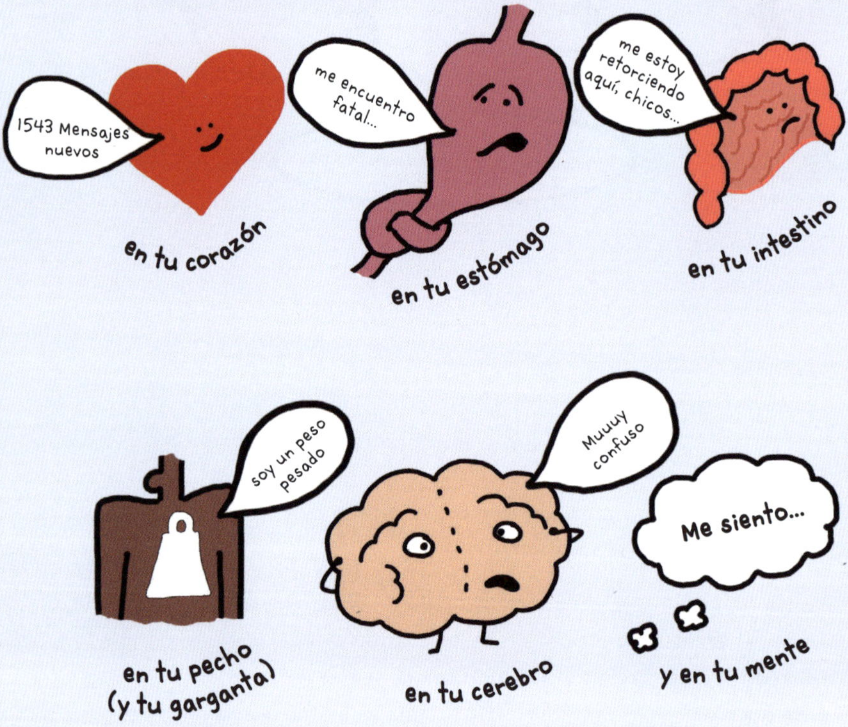

Capítulo 3

Tú, tu cerebro y tus emociones

Tu cerebro está diseñado para experimentar emociones, las cuales son una característica intrínseca de ti, y parte de lo que te caracteriza como ser humano es la forma en que comprendes tus vivencias en el plano emocional. Seas quien seas, estés donde estés y hagas lo que hagas, las emociones te acompañarán en tu viaje y, de hecho, muchas veces pueden dirigirlo y transformarlo en lo que es. Te siguen en los mejores momentos de la vida, ayudándote a disfrutar de los placeres hedonistas y a saborear la gloria. Pero también están contigo en las peores partes de la vida, marcando tu vida con tristeza, dolor y añoranza.

Hay ocasiones en las que las emociones son bienvenidas, haciéndote sentir genial, contribuyendo a que disfrutes de los momentos buenos y protegiéndote de cualquier posible riesgo. Otras veces, te gustaría que se fueran y te dejaran tranquilo. Las emociones son inevitables, variables, a veces imprevisibles, desordenadas y muy complejas, pero también son una pieza intrínseca de nuestro ser que necesitamos para vivir. Este capítulo profundiza en el significado de las emociones e introduce un marco de referencia para entenderlas, así la manera de responder ante ellas.

(Solo algunas)* EMOCIONES

* Porque no me caben miles de emociones en esta página

¿Qué sentido tiene experimentar estas emociones tan molestas?

Como humanos que somos, tenemos la capacidad de experimentar emociones. Pero, ¿por qué está el cerebro diseñado para albergar estas emociones tan molestas que a veces resultan tan incómodas y dolorosas? Cuando comprendas el mecanismo de las emociones, podrás interpretar las tuyas propias y valerte de esta información para cuidar de ti mismo.

En primer lugar, abordemos un mito en toda regla: si alguna vez alguien te cuenta que las emociones están solo en la mente, se estará equivocando. Las emociones también pertenecen al cuerpo: su raíz son los sentimientos, las sensaciones fisiológicas del cuerpo. Ese nudo en la garganta, el calor del corazón, el calor que te sube por el cuello... no es fruto de tu imaginación, son sensaciones físicas reales. Por tanto, las emociones son sentimientos, sensaciones en tu cuerpo; pero no todos los sentimientos son emociones.

Dentro de sí, el cuerpo está en constante movimiento, lo que significa que las sensaciones corporales, o los sentimientos, fluctúan en términos de intensidad, vienen y van. Cuerpo y cerebro trabajan de forma conjunta, comunicándose entre sí para poder funcionar adecuadamente: dormir, comer, sanar heridas, utilizar la energía de un modo eficaz y adaptarse al entorno. El cerebro capta e interpreta las sensaciones del cuerpo para poder hacer todo esto.

Tu cerebro también produce sensaciones al intentar predecir tus necesidades, para mantener tu cuerpo en equilibrio homeostático, y así funcionar correctamente. Probablemente solo seas consciente

de una parte de tales sensaciones, especialmente de los grandes picos de actividad, y de cómo te hacen sentir. Estas sensaciones denotan hambre, dolor, necesidad de ir al baño o saciedad. Hay sensaciones que resultan agradables, otras no lo son tanto, algunas son tranquilizadoras y otras excitantes. Cuando las percibes, tu cerebro se esfuerza por entenderlas para saber qué hacer. ¿Es hambre, sed, dolor, amor, preocupación?
Lo que tu cerebro intenta decir es: "¿Qué es lo que está pasando en tu cuerpo y qué tengo que hacer al respecto?" Así que tu cerebro está generando constantemente sentimientos y respondiendo a ellos, y algunos de estos sentimientos los etiquetamos como emociones.

Las emociones son el lenguaje y las construcciones que empleamos para comprender y conceptualizar parte de nuestras sensaciones internas y cómo estas nos hacen sentir. Nombrar una emoción y entenderla te permite traerla a tu conciencia, tomar distancia y observarla, creando una barrera entre tú y esas sensaciones físicas para que puedas reflexionar y responder. Las emociones no están solo en la mente, sino que cobran sentido gracias a ella. No se trata de que la mente se imponga a la materia, sino de que la entienda.

Las emociones son fundamentales para el funcionamiento del cerebro, para favorecer aspectos tales como la toma de decisiones, la memoria, el lenguaje, los vínculos, la comunicación y la comprensión entre personas.

En función de cómo nos sintamos, solemos etiquetarlas como positivas o negativas, pero no dejan de ser una representación de la habilidad de tu cerebro para tratar de dirigirte lo mejor que sabe dentro del mundo sensorial en el que vives. Aunque trates de ignorar los sentimientos que te hacen temblar, derrumbarte,

quedarte inmóvil y tropezar, comprometerte con tus emociones y entenderlas te permite regularlas, saber qué hacer con ellas y generar otros sentimientos. Te permite subirte a la ola de las emociones, en vez de que esta ola te atrape y te arrastre.
El cerebro no es un órgano perfectamente racional: en su afán por distinguir patrones, atribuir un significado y responder con rapidez, a veces se equivoca. Podemos dejarnos llevar por aquello que nos hace sentir bien a corto plazo, a pesar de sus consecuencias negativas a largo plazo. Las emociones pueden ser el motor de nuestro comportamiento, en ocasiones en dirección contraria a la deseada. Por lo que, aunque estas emociones son difíciles de digerir, tienen algo maravilloso consigo, y es que su camino no es inevitable. Son alumnos dispuestos a aprender (aunque a veces pueden tardar en hacerlo), y tú puedes ejercer influencia sobre tus emociones.

El objetivo de estos ejercicios no es, desde luego, deshacerse de las emociones, porque cuanto más se intente retenerlas y alejarlas, más tienden a salir de manera inesperada. La finalidad es llegar a entender las emociones, interpretarlas como pistas de lo que sucede, saber reconocer el momento en que se manifiestan (lo que no siempre resulta sencillo) y analizar la manera más útil de darles respuesta y aprovecharlas para alcanzar nuestros objetivos.

EJERCICIO 1

El barómetro de las emociones

No solemos percatarnos de todos los cambios en nuestras sensaciones corporales: lo más probable es que sean los momentos de mayor intensidad emocional los que capten nuestra atención, puesto que son como un estruendo que entra en nuestra conciencia rápidamente. Al ser más conscientes de cómo nos sentimos en determinados momentos, podemos empezar a comprender mejor nuestros sentimientos y emociones asociadas, lo cual nos permite ser más hábiles a la hora de clasificarlos y comprenderlos, y saber qué hacer al respecto.

Utiliza este barómetro de emociones para ayudarte a observar y reflexionar sobre cómo te sientes. Existen dos dimensiones: la excitación y la valencia (lo que resulta agradable). Piensa en cómo te sientes y procura identificar en qué punto de la escala te encuentras. Las emociones fluctúan a lo largo del día, por no hablar del año, así que intenta hacer un seguimiento de cómo te sientes en diferentes momentos del día, o bien reflexiona después sobre el día entero y cómo te ha hecho sentir. También puedes recurrir al barómetro para saber cómo te sientes en un momento concreto, lo cual puede ser especialmente útil cuando te sientas saturado o tengas grandes sentimientos a los cuales quieras darles sentido.

El barómetro de las emociones

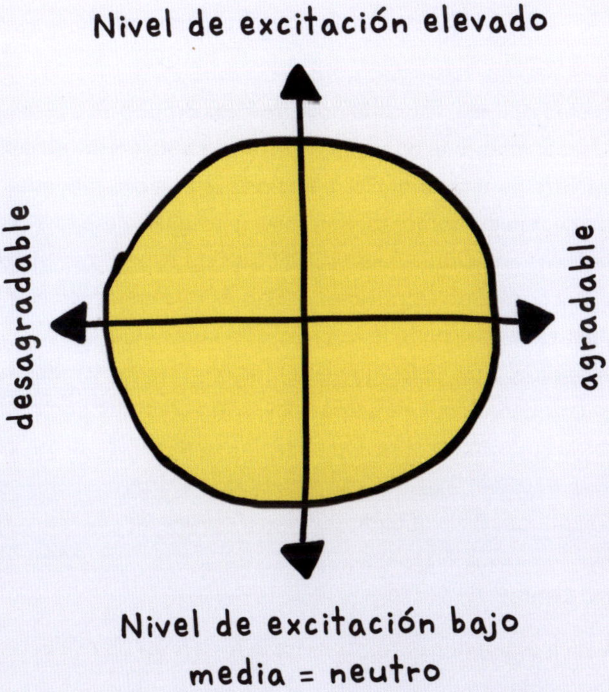

EJERCICIO 2

Ponle nombre a esa emoción

Cuanto más consciente sea uno de sus emociones y más las comprenda, mayor será su capacidad para regularlas y responder a ellas de manera provechosa. El concepto de "granulación emocional" se refiere a la precisión con la que puedes desgranar, o definir y comprender, tus emociones. Se trata de elaborar un vocabulario emocional que vaya más allá de los conceptos básicos de bueno/malo, feliz/triste, para así poder describir y conocer con mayor precisión cómo te sientes. Ponerle nombre a una emoción, crear un concepto para tu sentimiento, ayuda a entenderlo y crea una barrera que te permite separarte de él, en lugar de que este te defina.

Así que vamos a jugar a "ponerle nombre a esa emoción". Utilizando la ilustración que aparece al principio de este apartado (véase la página 62) como punto de partida, anota las emociones que sientas. Puedes hacerlo en cualquier momento, pero puede resultarte especialmente útil si experimentas emociones fuertes o difíciles de interpretar. Utiliza los términos que consideres oportunos: palabras que conozcas, que hayas oído o que te inventes para describir lo que sientes con la mayor precisión posible. No olvides que las emociones no surgen de manera aislada: puedes sentir muchas cosas diferentes al mismo tiempo. Una vez que hayas puesto nombre a la emoción, para ganar puntos, intenta averiguar qué te está diciendo esa emoción sobre tus necesidades y qué acción puedes llevar a cabo para satisfacerlas.

¿Cómo me siento?

¿Qué me dice esta emoción/estas emociones acerca de mis necesidades en este momento?

¿Qué puedo hacer para satisfacer esas necesidades?

EJERCICIO 3

Cuatro pasos para tolerar sentimientos difíciles de digerir

Sentirse mal o estar estresado no es agradable —puede resultarnos aterrador y alarmante— y podemos intentar deshacernos de la emoción, acallarla o evitarla. Sin embargo, eso puede ser contraproducente, pues lo que ocurre en nuestro cuerpo tiende a manifestarse de alguna manera —pesadillas, sensaciones corporales e incluso enfermedades. Independientemente de que queramos o no experimentar esos sentimientos, estos aparecerán de cualquier manera. Y, aunque parezca una ironía, las investigaciones señalan que tratar de reprimir las emociones genera precisamente una respuesta fisiológica al estrés más intensa. Reconocer, nombrar y comprender las emociones, en lugar de contemplarlas como entes aterradores sobre los cuales no tenemos control, nos ayuda a lidiar con ellas de una manera más eficaz. Parece contradictorio. —¿Necesitamos sentirnos mal para sentirnos bien? Pero es ahí donde apuntan las conclusiones. Ser consciente, tolerar y comprender esos sentimientos, en lugar de reprimirlos, ayuda a gestionarlos mucho mejor.

Una advertencia: Si llevas mucho tiempo embotellando sentimientos complejos, descorcharlos para poder reflexionar sobre ellos puede llegar a ser sumamente desconcertante y agobiante. Si es tu caso, considera la posibilidad de hablar con alguien en un entorno seguro, como un terapeuta u orientador, para que te ayude a asimilar esos sentimientos al ritmo que más te convenga.

Los siguientes cuatro pasos pueden ser útiles para pasar de la lucha a la tolerancia de los sentimientos complejos:

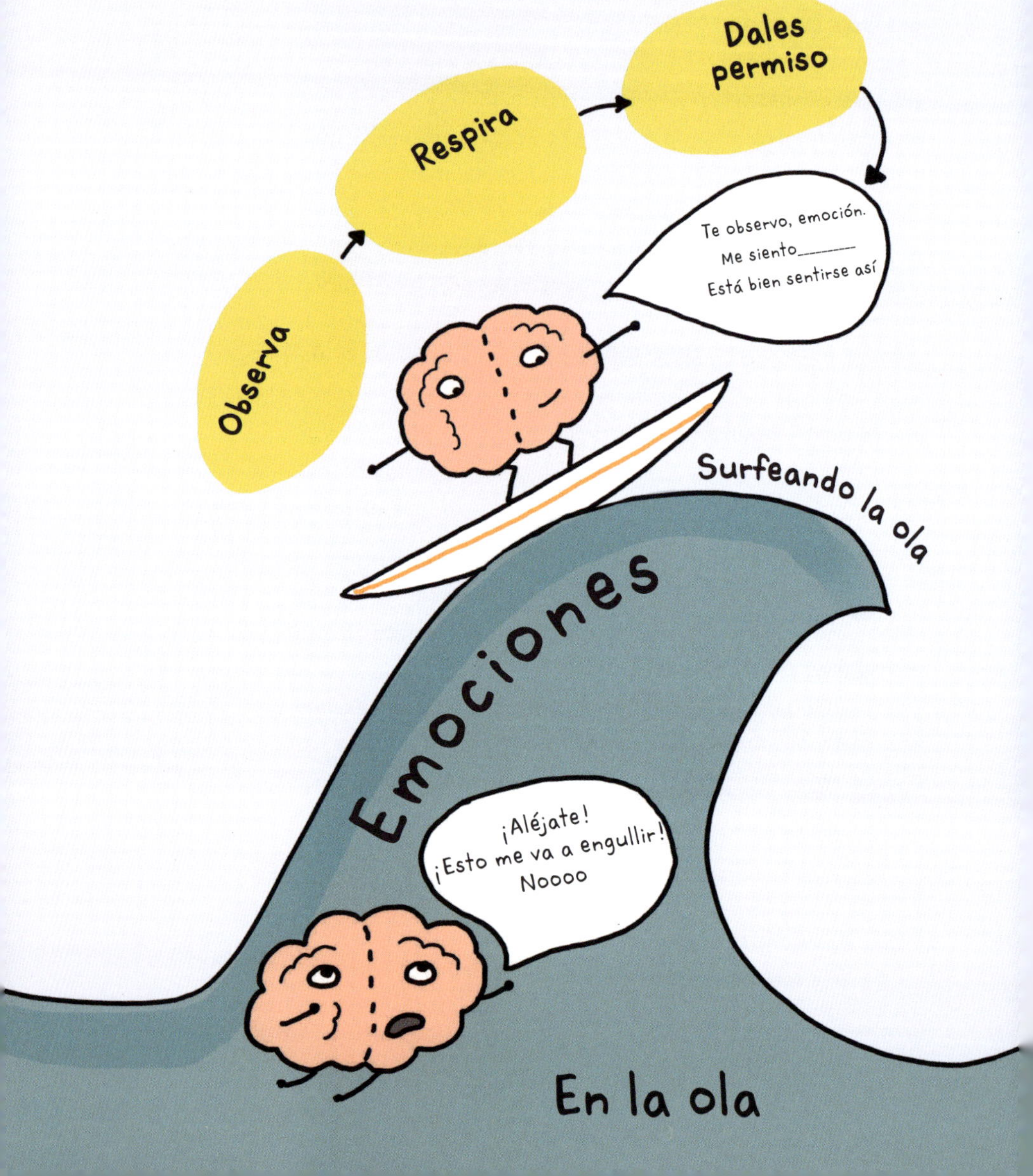

Observa
Respira
Dales permiso
Te observo, emoción.
Me siento________
Está bien sentirse así
Surfeando la ola
Emociones
¡Aléjate!
¡Esto me va a engullir!
Noooo
En la ola

1. **Observa las sensaciones en tu cuerpo**. ¿En qué parte sientes la emoción? ¿Cómo describirías esa sensación?

↓

2. **Respira a través de la sensación mientras sigues observando.** La respiración lenta y pausada activa la respuesta de Descanso y relajación del organismo (véase el capítulo 5, página 143). Observa si hay fluctuaciones o cambios en la sensación.

↓

3. **Permítele a la sensación estar ahí.** Sin juzgarla. Si cambia, cambia; si no, no pasa nada. Se trata de observar y dar cabida a la sensación, en lugar de ignorarla y alejarla.

↓

4. **Recuérdatelo a ti mismo mediante afirmaciones que te resulten útiles.** Puede que tu mente retroceda a sus patrones de juicio o preocupación habituales respecto a esta sensación. Utiliza afirmaciones positivas para recordarte que no pasa nada por sentirte así: se trata al fin y al cabo de sensaciones fisiológicas que van y vienen, y son tu cuerpo y tu cerebro los que se esfuerzan por satisfacer tus necesidades.

El ciclo de las emociones

El ciclo de las emociones

Cuando experimentamos una emoción, respondemos a ella, incluso cuando elegimos no responder a ella. La forma en que respondemos es importante, ya que puede contribuir a nuestra experiencia emocional o, por el contrario, puede crear ciclos inservibles y perjudiciales para nuestra mente. A continuación, vamos a analizar cómo te afectan las emociones y cómo tus propias respuestas influyen en tus emociones, mediante el ciclo de las emociones.

Lo que sentimos fluctúa a lo largo del día, de la semana y del año. En el transcurso del día podemos sentirnos bien, mal y en cualquier estado de ánimo intermedio. A veces podemos regular las sensaciones físicas fácilmente, sin ser conscientes de que lo estamos haciendo, y así hacernos sentir mejor. Desde un punto de vista práctico, si tenemos hambre, comemos. Si nos sentimos agotados, necesitamos urgentemente una dosis de cafeína. Asimismo, también regulamos cómo nos sentimos desde el punto de vista psicológico, nuestras emociones. Si estamos aburridos, nos tomamos un descanso o hacemos algo más interesante. Si nos sentimos estresados después de una jornada intensa de trabajo, podemos sentarnos en el sofá, ponernos una buena película y relajarnos. En todos estos supuestos, reconocemos cómo nos sentimos, identificamos que algo tiene que cambiar y actuamos en consecuencia para regularlo o cambiarlo.

Cuando notamos la presencia de nuestras emociones, damos respuesta a ellas, en ocasiones de forma activa, en otras de forma pasiva o bien tratando de ignorarlas. Conviene comprender nuestras respuestas, ya que pueden ser útiles o inútiles y, a la larga, empeorar o mejorar las cosas. Los seres humanos y el conjunto de emociones inherentes a ellos son complejos. En ocasiones no estamos seguros de lo que está pasando y, por tanto, no sabemos cómo responder. También puede ocurrir que reaccionemos automáticamente y sin darnos cuenta de ello, y nos dejemos llevar por patrones de respuesta, porque es lo que siempre hemos hecho.

A veces es difícil reconocer que algo necesita ser regulado o tener la certeza de cuál sería la mejor manera de hacerlo.

Saber cómo te afectan tus emociones y cómo repercuten las respuestas que das a esas emociones es esencial para cuidar tu mente. Utiliza el ciclo de las emociones para entender cómo influyen las emociones en lo que piensas, sientes (sensaciones corporales) y haces. Además, puedes utilizarlo para reflexionar acerca de cómo respondes a tus emociones con el mismo criterio, centrándote en el pensamiento, los sentimientos y las acciones, y si tus respuestas son útiles. Puede ser difícil de evaluar, pues a veces aquello que nos hace sentir bien a corto plazo, como comernos una bolsa de patatas fritas (sí, hablo por mí misma), nos hace sentir peor a largo plazo. En este contexto, podemos entender las emociones en sí mismas, la forma en que estamos respondiendo a ellas, y considerar otras posibles respuestas para poder crear ciclos más útiles si es necesario.

EJERCICIO 1

Cómo utilizar el ciclo de las emociones

En líneas generales, tus respuestas a las emociones pueden crear un ciclo de emociones útil o inútil. Comprender tu ciclo puede ayudarte a determinar si tus respuestas son útiles o no y, en este último caso, a pensar en otras alternativas de respuesta. Utiliza este diagrama y los pasos que aparecen a continuación para establecer tu ciclo de emociones y sus respectivas respuestas: ¿te han llevado a un callejón sin salida emocional, donde te has quedado atascado en la emoción, o te han ayudado a descubrir rutas para responder a tus emociones de forma útil?

Paso 1

Identificar las emociones (y el desencadenante)

En primer lugar, utiliza el ciclo de las emociones para dar respuesta a la pregunta "¿Cómo me siento?" Puedes recurrir a los términos que prefieras. Deprimido. Triste. Mal. Presión, por haber elegido la película para esta noche, o preocupación, por si a los demás no les va a gustar. Puedes usar los descriptores emocionales que quieras, porque lo que sientes es algo individual. Pon esto en el centro del diagrama. Recuerda: no hay una forma correcta o incorrecta de sentir. Lo que sientes es lo que sientes, nuestro objetivo es reconocerlo. No pretendemos deshacernos de las emociones, porque sabemos que las necesitamos. Nuestro objetivo es identificarlas para entender cómo responder a ellas.

Si logras detectar un factor desencadenante, estupendo: anótalo. Si no es así, no te preocupes: no siempre es fácil identificar los factores detonantes de nuestras emociones, de lo cual hablaremos más adelante (véase las páginas 92-99).

El ciclo de las emociones

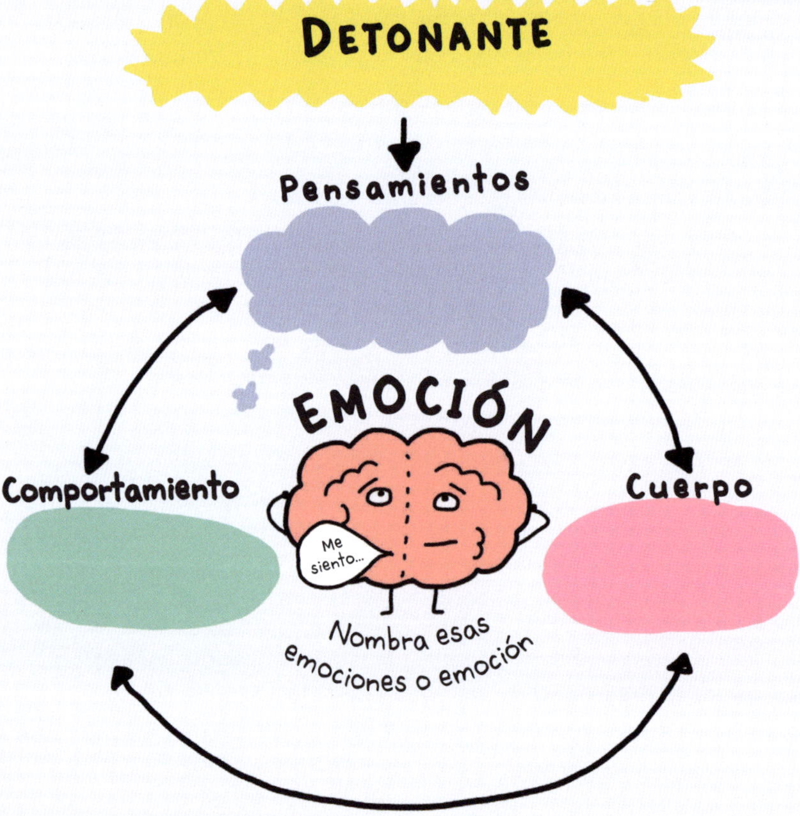

Paso 2

Pensamiento. Identifica lo que estabas pensando.

¿Crees que hubo un elemento desencadenante de tu emoción? ¿Mirar Instagram te hizo sentir que los demás tienen la vida más resuelta que tú? Bingo, has identificado tu pensamiento, "otras personas se lo montan mucho mejor que yo". Esto podría haberte llevado a pensar en cosas como "¿Por qué nunca puedo hacer nada bien?" Escribe todos los pensamientos que quieras.

Paso 3

Cuerpo. ¿Cómo afectan las emociones a tu cuerpo?

Ahora que ya has identificado tus emociones, piensa en cómo las sientes en tu cuerpo. Anota lo que sientes internamente. ¿Se te enrojece la cara? ¿Te late el corazón?

Paso 4

Comportamiento. Piensa en lo que has hecho

¿Seguiste mirando Instagram, lo que significaba que esas sensaciones seguían afectándote? ¿O decidiste hacer algo que te hiciese sentir mejor? Anota tu respuesta a la emoción.

Paso 5

¿Hasta qué punto fueron útiles tus respuestas?

Por último, trata de valorar si las respuestas que has utilizado en el paso 4 han sido útiles o si, por el contrario, han creado un ciclo inútil en el que te has sentido peor. La forma en que respondemos a nuestras emociones puede mediar en las consecuencias que estas tienen en nuestras vidas: desde regular las emociones que experimentamos hasta crear otras que rompan el ciclo.

Eres tán inútil...
No puedes hacer frente a nada
Ahora me siento mal...
Esto no es normal
Nadie más se siente así...
¿Cómo te atreves a sentirte así? Con lo afortunado que eres...
¿Por qué tienes que sentirte mal?
Me siento mal

Qué vergüenza de emociones...

Pobres emociones... qué mala fama tienen. Les echamos la bronca por aparecer, y nos avergonzamos de ellas y de nosotros mismos al experimentarlas. Sin embargo, las emociones son elementos intrínsecos del cerebro y del propio ser humano; es como regañar a una planta por crecer, a un animal por comer o a un pájaro por volar. Reprendemos a nuestros cerebros por hacer algo para lo que han evolucionado. Nos regañamos por desempeñar una función esencial que necesitamos para vivir. Y eso es un poco absurdo, ¿no?

En parte, el problema de las emociones no son las emociones en sí, sino cómo respondemos a ellas. Además de sentirnos mal, aumentamos nuestro descontento criticándonos a nosotros mismos por sentirnos así. De este modo, creamos una espiral de negatividad en la que las emociones desagradables generan emociones desagradables que a su vez crean más emociones desagradables: un ciclo, parecido a uno de esos espejos cóncavos, que se eterniza. Como si no fuera suficientemente malo sentirse mal, nos hacemos sentir aún peor por sentirnos mal, lo que nos hace sentir aún peor.

No hay que remontarse tan lejos en la historia para comprender por qué las emociones tienen mala fama: los trastornos de salud mental apenas se comprendían, y el tratamiento era en muchos casos poco accesible e incluso podía llegar a ser punitivo. Las sombras del pasado no se desvanecen tan rápido. Persisten y siguen condicionando nuestra actitud hacia las emociones y la salud mental hoy en día tanto en el ámbito social como en el individual. La salud mental y la vivencia de las emociones aún están muy estigmatizadas. Como individuos, fusionamos estas creencias culturales con nuestras propias creencias, que influyen en nuestras actitudes frente a las emociones y la salud mental, y en cómo respondemos a nuestras propias emociones.

Nos recriminamos a nosotros mismos lo que sentimos: "No solo estás triste, eres patético por sentirte triste". "No solo tienes ansiedad, sino que no eres normal". Nos descalificamos por lo que sentimos: "No me siento mal, solo estoy actuando". Experimentar emociones significa que no estamos haciendo frente a la situación, que somos estúpidos, que no servimos para nada; y en realidad, significa que nos sentimos angustiados por una situación angustiosa. A veces, el cerebro disfraza las críticas con astucia para que parezcan útiles o motivadoras: "Solo necesito ponerme las pilas", "Supéralo", "Arréglatelas", pero tras la fachada de ayuda seguimos invalidando nuestras emociones y a nosotros mismos por sentirlas.

Suelo escuchar este tipo de comentarios, y a veces mi trabajo se centra en cómo interpretamos nuestras propias emociones, como una amenaza, como algo inherentemente malo dentro de nosotros. Como resultado, desencadenamos una cascada de sentimientos y emociones que nos hacen sentir peor.

EJERCICIO 1

¿Qué significado le das a tus emociones?

La próxima vez que te sientas mal, sin importar cuál sea esa emoción, tómate el tiempo para detenerte y ser consciente de ella. Utiliza las herramientas del ciclo de las emociones (véanse las páginas 72-77) para ayudar a comprender y definir la emoción. Ahora, vayamos más allá: Piensa en el significado que le atribuyes a esa emoción. ¿Te estás criticando por tenerla? ¿Te estás diciendo que no deberías sentirte así? ¿Te dices que no es normal?

Reflexiona sobre cómo te hace sentir esa interpretación de tus emociones. ¿Se agudizan las emociones iniciales, haciéndote sentir peor? Si es así, acabas de detectar el inicio de la espiral en la que una emoción desencadena más emociones, y luego más emociones, y así hasta el infinito.

Estos patrones de pensamiento pueden ser transitorios o haber formado parte de tu experiencia emocional durante mucho tiempo, así que puede costar trabajo distinguirlos. Descubrirlos y sacarlos de su escondite en el cerebro merece la pena, porque cuando uno sabe que están ahí, es capaz de hacer algo al respecto. Puedes hacer uso de esta información a fin de reducir su poder y empezar a construir diferentes tipos de respuesta.

Eligiendo a tu compañero de baile

EJERCICIO 2

Situar a tus pensamientos en el centro de la pista y elegir a tu pareja de tango

Ya has identificado esa interpretación irritable de tus emociones en el Ejercicio 1 y la tienes situada en el foco de tu atención. Anótalo en la burbuja de pensamiento situada en la parte superior de la ilustración.

Al colocar tu interpretación en el foco y alejarte de ella, puedes empezar a quitarle poder al pensamiento. No tienes que comprometerte con él, ni creértelo, o dejar que sea tu compañero de tango simplemente porque esté ahí. En lugar de eso, puedes reconocerlo como lo que es: un pensamiento, no un hecho. Puedes incluso reírte con él y aceptar tener diferentes puntos de vista. Es más probable que el pensamiento acabe aceptando lo anterior a que intentes ignorarlo por completo, porque te garantizo que si intentas no pensar en algo, acabarás pensando todavía más en ello.

Una vez que estos pensamientos pierdan su poder y empiecen a reducirse, pueden dejar un hueco en tu foco de atención. Puedes llenar este hueco basándote en tus verdaderas creencias. Escoge aquellos pensamientos con los que te comprometerás y en los que confiarás para que sean tu pareja de tango, aquellos que te capacitarán para responder de forma útil a tus emociones. Colócalos en la burbuja de pensamiento inferior. Aquí tienes algunas ideas para recordarte a ti mismo cuando experimentes emociones:

Está bien sentirse así.

Las emociones son una parte natural del ser humano.

Experimentar emociones no es un signo de debilidad.

LA ANATOMÍA DE LA ANSIEDAD

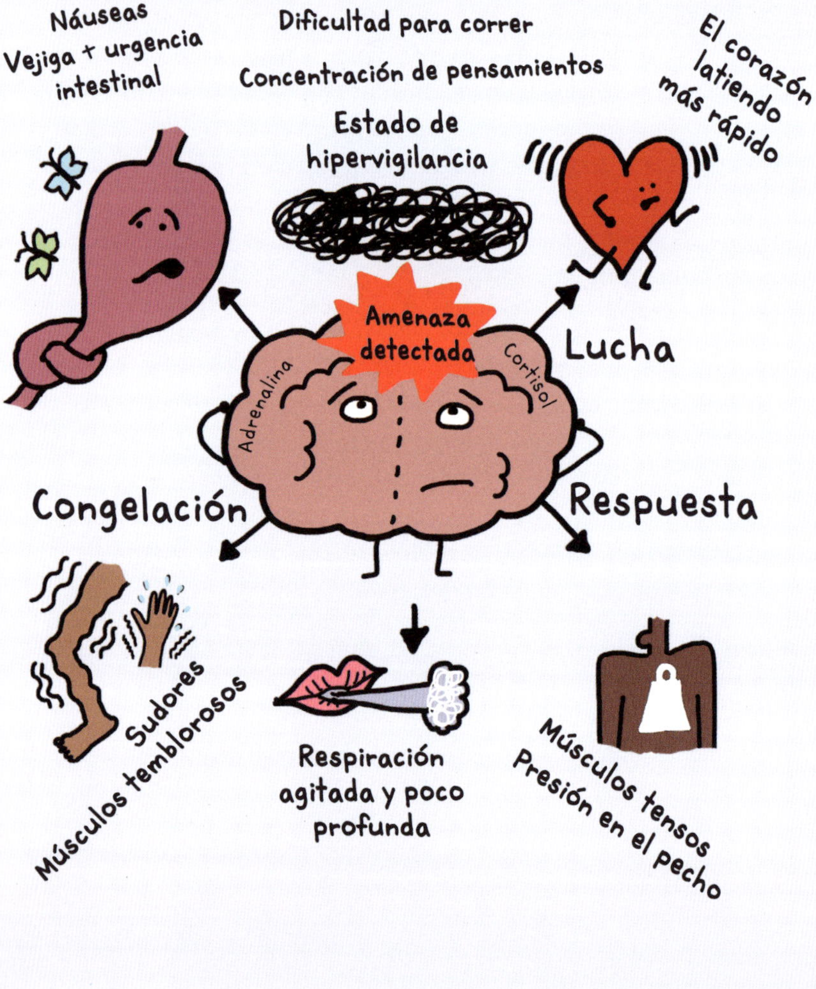

Alerta: ansiedad

La ansiedad es una emoción con un efecto muy poderoso en la vida, puesto que está intrínsecamente ligada al estrés, que es una parte prácticamente ineludible de la vida, y se asocia a un sistema corporal clave para la supervivencia: el sistema nervioso simpático.

Siempre he creído que el nombre estaba mal denominado, pues no me parecía demasiado simpático. ¿Qué tiene de simpático un sistema corporal que se dispara ante una evaluación de riesgo y que genera todo ese tipo de sensaciones desagradables en el cuerpo: manos sudorosas, estómago revuelto, músculos tensos, respiración entrecortada? Es esa respuesta de huida, lucha o congelación, que se manifiesta cuando tenemos emociones intensas, como el estrés y la ansiedad, y nuestro cuerpo nos prepara para la acción.

A medida que me he ido familiarizando con él, me he dado cuenta de que he juzgado erróneamente el sistema nervioso simpático y de que, en realidad, es mucho más simpático de lo que creía. Es parte del sistema nervioso autónomo, que controla los procesos involuntarios que nos permiten funcionar. Este sistema regula el organismo y su energía para gestionar con éxito las amenazas; si lo hacemos así, seguiremos vivos. Ante un riesgo o un factor de estrés identificado, ya sea real o imaginario (más adelante descubriremos que lo imaginario es tan real como lo real), responde activando la adrenalina y el cortisol, que canalizan nuestra energía para que estemos listos para enfrentarnos al riesgo de forma adecuada.

La ansiedad es uno de los conceptos emocionales a los que más asociamos estas sensaciones (junto con otras emociones como el miedo, la ira y el estado de *shock*). A veces necesitamos ver incrementadas estas sensaciones y esta energía para ayudarnos a hacer cosas. Aquello que tildamos de ansiedad en determinadas circunstancias puede ser sumamente útil. Así que en realidad, se trata de un sistema simpático y atento después de todo, ya que te mantiene vivo y te permite evolucionar.

Como cualquier otra emoción, lo que etiquetamos como ansiedad no es malo de por sí; a veces puede ayudarnos a conseguir la energía y el nivel de alerta suficientes para superar una situación.

Por ejemplo, tu sistema prevé correctamente que vas a necesitar mucha energía y estar alerta para hablar ante esa audiencia multitudinaria y aterradora de psicólogos (¡sí, estoy hablando de mí misma!).

Sin embargo, a veces se desequilibra. Nos anticipamos en exceso a las amenazas por nuestras experiencias, la vida nos pone demasiadas piedras en el camino y nos vemos desbordados. Entonces, nuestro sistema simpático no es tan simpático. Está activando todos los mecanismos, prediciendo que necesitamos energía todo el tiempo. Pasamos a estar hípervigilantes en busca de amenazas y estamos en un estado de alerta máxima. Evitamos hacer ciertas cosas, porque se nos antojan demasiado grandes y aterradoras. Tenemos estas sensaciones más de lo necesario, lo cual resulta desagradable, y puede llevarnos a estar estresados y angustiados. Nos cuesta conciliar el sueño, altera nuestros patrones de alimentación, confunde nuestros pensamientos y nuestros intestinos acaban por rebelarse, lo cual genera aún más estrés. Aunque la intención del cuerpo sea buena, a largo plazo, los altos niveles de estrés, la producción de cortisol y todo lo relativo al mismo son perjudiciales para el bienestar, tanto físico como mental. Nuestro bienintencionado sistema corporal, que trata desesperadamente de mantenernos a salvo, se ha vuelto inservible para nuestro funcionamiento. Y a eso lo denominamos *ansiedad*.

EJERCICIO 1

Cómo completar tu ciclo de ansiedad

Paso 1

¿Qué te genera ansiedad?

Piensa en lo que te causa ansiedad y anótalo en el recuadro de los factores desencadenantes. Si experimentas otras emociones al mismo tiempo, anótalas. Una vez que pienses en ello, puede que empieces a observar patrones de acontecimientos que provocan ansiedad. Algunos son comunes para muchas personas; por ejemplo, la ansiedad de hablar en público es muy habitual. En otras ocasiones, los detonantes son los propios pensamientos. Los acontecimientos imaginados son igualmente reales para nuestra mente y cuerpo y, por tanto, pueden tener el mismo impacto que los acontecimientos de la vida real.

A veces no logramos interpretar por completo nuestros desencadenantes. Lo nuevo, lo que no sabemos con certeza, puede generarnos ansiedad. Cuando una situación se percibe como fuera de control, la consideramos amenazante, por lo que el sistema corporal responde a dicha amenaza. A veces, el cerebro detecta patrones en las situaciones que nos recuerdan sucesos desagradables del pasado, y eso suscita ansiedad. No siempre es posible determinar con exactitud el motivo, y lo que desencadena la propia ansiedad puede cambiar en función del momento en que se viva, pero entender qué es lo que produce esa ansiedad puede facilitarte la forma de responder a esas situaciones.

Paso 2

¿Cómo es tu respuesta?

Ahora piensa en tu respuesta cuando sientes que estás ansioso rellenando las casillas que faltan del ciclo de la ansiedad. A continuación se exponen algunas de las formas más genéricas de respuesta en caso de ansiedad. Aun así, los patrones que adopta cada persona son ligeramente distintos y es probable que incluso tú mismo respondas de manera diferente en función de la situación que se dé.

Cuerpo Tu corazón late más rápido para bombear más oxígeno por tu cuerpo. La sangre fluye hacia las manos y los pies, preparándose para la acción. Tus pulmones se esfuerzan más y respiras más rápido. Tu estómago se revuelve mientras el flujo sanguíneo se redirige a tus extremidades.

Pensamientos Puede que predigas que ocurrirán cosas terribles, que lo que hagas tendrá consecuencias negativas o que te sentirás fatal. También es posible que hagas un pronóstico de un escenario en el que no te desenvolverás, fracasarás o harás el ridículo. Puedes estar dándole vueltas a lo que ya ha pasado. O puede que te critiques por sentirte así.

Acciones ¿Qué haces cuando tienes ansiedad? ¿Esconderte debajo de la manta hasta que se te pase? ¿Controlar los latidos del corazón? ¿Llamar por teléfono a tu madre? Es natural que no quieras sentirte mal, así que puede que lo evites o que intentes salir de la situación. También puede que respondas con agresividad, irritabilidad o frustración. Puedes abordar directamente la ansiedad, resolviendo problemas o respirando lentamente. O tal vez trates de distraerte haciendo otra cosa.

Paso 3
¿Tus respuestas son útiles para lo que sientes?
Tus reacciones pueden mantenerte en un círculo vicioso de ansiedad o ayudarte a encontrar salidas a él. Piensa en lo que mantiene en pie la ansiedad y hace que te sientas peor. ¿Qué te ayuda a controlarla y a tolerarla? Concéntrate en determinar si tus respuestas te mantienen en el círculo vicioso de la ansiedad o si te ayudan a salir de él.

¡Ha sido un error salir hoy!
¿Seguro que has hecho lo correcto?
¡Venga! ¡Vamos a arruinar su día!
Sus paraguas son mejores que el tuyo
Paraguas de afrontamiento
Te ayudaré
Qué día tan divertido

Capítulo 4

¿Qué puede hacernos sentir mal?

Las emociones no suelen aparecer de la nada, aunque a veces parezca que sí. El cerebro está diseñado para interpretar constantemente el mundo en el que vive, y lo que siente está vinculado por naturaleza a nuestro entorno, tanto pasado como presente. La comprensión y las predicciones del cerebro sobre el mundo se fundamentan sobre la única información que tiene, la experiencia pasada. Por tanto, el mundo de los sentidos y tu entorno están intrínsecamente ligados a tu experiencia emocional. Ya hemos visto un buen ejemplo de esto con el vaso de capacidad: cuando tienes más cosas de las que tienes capacidad, te sientes abrumado. A veces, las emociones son una señal de que necesitas actuar, de que algo en tu entorno tiene que cambiar. Este capítulo trata de comprender los desencadenantes contextuales, si están bajo nuestro control o no, y cómo y cuándo podemos gestionarlos. Además, se analizan los factores desencadenantes más comunes que podemos abordar.

Errores
Comparaciones
Redes sociales
Dudas sobre uno mismo
Impostor
LA VIDA
¡Oye!
¡Le estás dando demasiada caña al asunto!

Desencadenante infeliz

Muchas de las cosas que suceden en la vida despiertan o desencadenan emociones, y así debería ser. Los sucesos importantes de la vida, como los problemas de salud, cambiar de casa o perder a un ser querido, pueden ser estresantes y, en consecuencia, las emociones grandes y a menudo complejas son una parte consustancial de estas experiencias. Cuando se dan estas circunstancias, las emociones son un indicio de que debemos cuidarnos. Otras circunstancias vitales estresantes, como la presión laboral, el acoso escolar o el exceso de trabajo, generan emociones que constituyen señales de que algo tiene que cambiar en nuestro entorno.

Identificar un desencadenante puede ser clave para decidir cuál es la mejor manera de responder a la emoción. ¿Es una respuesta normal a un acontecimiento vital duro? ¿Es una señal de que necesitas tomar medidas para cambiar aquello que te causa estrés? ¿Necesitas desarrollar nuevas estrategias de afrontamiento que te ayuden a manejar la situación? ¿Necesitas abordar el desencadenante en sí mismo o tus respuestas a él?

Utilizar el ciclo de las emociones (véanse las páginas 72-77) puede ayudarte a reconocer si existe un desencadenante claro y a pensar en lo que puedes hacer al respecto.

Un desencadenante implica que algo en el entorno ha cambiado y ha dado paso a la emoción. Por ejemplo, puede que odies a los perros y que al ver un caniche engalanado al salir de casa por la mañana te sientas ansioso (o quizás irritado por la ridiculez de ponerle un lazo rosa a un perro). En este caso, el caniche (y tus creencias sobre los perros) fue el detonante que provocó tu

respuesta emocional. También es posible que el impacto de un suceso vital significativo repercuta en tus sentimientos a largo plazo: un duelo, la ruptura de una relación o un cambio de casa.
En otras ocasiones, el desencadenante puede no ser tan evidente. Es posible que haya habido muchas pequeñeces que se hayan ido añadiendo al vaso de la capacidad (véanse las páginas 44-51). Puede que se te haya metido una idea en la cabeza y haya provocado una respuesta emocional. Seguramente te habrás percatado de ello, pero a veces los pensamientos fugaces pueden desaparecer antes de que los hayas detectado. También pueden ser el cúmulo de efectos del hambre, la frustración y el cansancio los que nos hagan sentir mal.

Cuando se trata de buscar los factores desencadenantes, puede ser difícil identificar alguno. Puede ser irritante, porque nos gusta tener siempre la certeza en nuestro complejo mundo, pero el hecho de no saber también está bien: a veces las emociones surgen sin más. El ánimo puede decaer y, por mucho que se piense, no se sabe por qué. Hay muchas razones, entre ellas mecanismos corporales que ni siquiera puedes ver, que influyen en tu estado de ánimo.

Aunque está muy bien entender cuándo hay un factor desencadenante, también es importante darse cuenta de la emoción. Si se puede identificar la causa, estupendo, pero si no, se puede seguir analizando cómo se responde.

EJERCICIO 1

Identificar los factores desencadenantes

Cuando experimentes emociones, recurre al ciclo de las emociones (véanse las páginas 72-77) para intentar identificar lo que las ha desencadenado. Puede haber sido un único acontecimiento, o una sucesión de ellos los que generen estrés y agobio. Si se trata de esto último, utiliza el vaso de capacidad (véanse las páginas 44-51) para ayudarte a identificar las acumulaciones graduales que afectan a los niveles de estrés. Cuando sea difícil reconocer un desencadenante, puede ser útil considerar estos factores:

¿Comes y bebes adecuadamente?

¿Duermes bien y descansas lo suficiente?

¿Hay algo que genere estrés adicional en tu vida en este momento?

¿Ha habido algún cambio en tu vida últimamente?

¿Ha sido el recuerdo de una experiencia pasada lo que ha hecho a tus sentimientos dispararse?

Si no puedes identificar un desencadenante, no pasa nada. No siempre es necesario saber el motivo para responder de forma útil a tus sentimientos.

La búsqueda constante de una razón cuando no existe ninguna aparente puede llevarte a estancarte en una emoción en lugar de pensar en cómo puedes responder. Así que no busques insistentemente un desencadenante; en su lugar, acepta que así es como te sientes y cambia tu enfoque a cómo puedes responder de forma constructiva.

EJERCICIO 2

¿Hacia dónde deberías encaminar tu respuesta?

Comprender los factores desencadenantes puede ayudarte a identificar mejor la dirección hacia la que orientar tu respuesta. Puede ser interesante preguntarse si un factor desencadenante concreto podría y debería cambiarse.

Desencadenantes evidentes que pueden cambiarse

Si hay un desencadenante claro e identificable que puede cambiarse, entonces lo mejor es dirigir los recursos al propio desencadenante. Por ejemplo, si el uso excesivo del teléfono te hace sentir mal, entonces limita su uso. Pero a veces las soluciones no son tan sencillas. Si, por ejemplo, sufres acoso en el trabajo, aunque sea necesario abordar este desencadenante, la solución puede tardar en llegar. Puedes elaborar tus estrategias de afrontamiento y orientar tus respuestas al mismo tiempo, pero, en definitiva, estás reconociendo que tienes que gestionar algo que no deberías tener que gestionar y que tienes que tomar medidas para cambiar o protegerte de ello.

Desencadenantes evidentes que no pueden cambiarse

Hay situaciones en la vida que provocan fuertes emociones irreversibles: por ejemplo, la muerte de un ser querido o enfrentarse a un momento vital difícil, como el brote de coronavirus. Cuando esto ocurre, conviene cuidarse y reforzar las estrategias de afrontamiento de la mejor manera posible. Intenta reconocer tus emociones, pensar en lo que puedes hacer para superarlo y centrarte en lo que sí puedes controlar, por ejemplo, mediante el ejercicio "Tolerar la incertidumbre" del tema "Catástrofes" (véanse las páginas 178-179).

Si no estás seguro de si el desencadenante o tus respuestas precisan un enfoque distinto

Puede que a veces consideres que hay ciertas dificultades que podrían cambiarse y decidas que quieres superarlas. Si te da ansiedad hablar en público, pero quieres ser capaz de hacerlo, necesitas orientar tu ciclo de respuesta emocional para que te permita hacerlo. En cambio, en otras ocasiones, es más complejo determinar hacia dónde debe encaminarse la respuesta. Si la ansiedad te invade en las tiendas más concurridas, puedes pedir la comida por Internet o hacer la compra a una hora más tranquila. De esta manera, puedes centrarte en el desencadenante, y no hay ningún problema. Sin embargo, puede que decidas sentirte a gusto yendo a tiendas concurridas, en cuyo caso dirigirás tu respuesta a la parte emocional del ciclo de las emociones para poder enfrentarte al desencadenante. No siempre existe una respuesta correcta: a veces es cuestión de controlar el factor desencadenante, si es que se puede, para reducir el estrés; otras veces es necesario cambiar la respuesta; o puede ser una combinación de ambas cosas. Lo importante es saber qué es lo que más te ayuda en ese momento.

Centrarse en el desencadenante puede ser hasta inútil si estás evitando algo que quieres hacer. Puedes dejar de ir a los bares y de ver a la gente porque te produce ansiedad, cuando en realidad te gusta ver a tus amigos, por lo que centrarte en el factor desencadenante y evitarlo repercute negativamente en tu vida.

En el capítulo 5 puedes encontrar más información sobre este tema, lo que te ayudará a decidir si el objetivo del desencadenante es evitarlo en tu situación en particular. Evidentemente, hay una amplia escala de grises en el camino: no siempre es fácil cambiar algo, aunque seas consciente de que haya que hacerlo, por lo que también puedes plantearte cómo manejar mejor la situación potenciando tus estrategias de afrontamiento y analizando tus respuestas al mismo tiempo.

Incluso cuando sabes que quieres poner el foco en tu respuesta emocional, también puedes ocuparte del desencadenante a la vez para ayudarte a hacerlo. Saber hacia dónde dirigir tu energía y tu respuesta puede ser complicado, y es imposible que alguien pueda acertar en esta decisión todo el tiempo. Te ayudará a mantener la vista en tu ciclo de emociones y pararte a pensar si tu respuesta ha tenido un impacto general positivo o perjudicial en tu vida.

A los problemas, soluciones

1. Define

¿Cuál es el problema?

2. Identifica las soluciones

Lluvia de ideas de posibles soluciones

3. Elige la mejor solución

4. Traza un plan (y síguelo)

Los pasos que daré:

5. Revisa

¿Funcionó? Si no fue así, ¿por qué?

¿No?

Repensar el plan o la solución

EJERCICIO 3

Cambios en los desencadenantes de soluciones que se plantean para el problema

Si has detectado que hay algún aspecto del factor desencadenante que debe cambiar, puede que dedicar un tiempo a pensar en la forma más adecuada de hacerlo te resulte de gran ayuda. Los factores desencadenantes que necesitan un cambio pueden resultarte abrumadores, de modo que este ejercicio puede ayudarte a enfrentarte a ellos y a que consideres estrategias útiles para seguir adelante.

Utiliza el diagrama que aparece al lado como recurso de ayuda para resolver el dilema del cambio en un desencadenante específico. Quizás te resulte útil hablar de ello con alguien que pueda ofrecerte otra perspectiva de la situación. El espacio cerebral adicional podría ayudarte a considerar más o diferentes alternativas a la hora de enfrentarte a los factores desencadenantes complejos.

¡Aquí mando yo!
Jajaja ¡Eso es lo que tú te crees!

Redes antisociales

Nos guste o no, el uso del teléfono y de las redes sociales puede afectar a nuestra mente de muchas maneras. Puede repercutir directamente en cómo nos sentimos o intensificar los sentimientos más difíciles. Puede robarnos tiempo de otras actividades que valoramos y que nos benefician, y puede alterar nuestro funcionamiento básico, incluido el sueño. Parece que las redes sociales han llegado para quedarse, así que debemos aprender a controlarlas y a gestionar el impacto que tienen sobre nosotros de la mejor manera posible.

La inmediatez en el acceso a la información que tenemos gracias a los teléfonos móviles no tiene precedentes. Puede ser estupendo si necesitamos rápidamente el número del restaurante indio del barrio. Pero también puede convertirse en una distracción que agota nuestra limitada capacidad de atención y nos aleja del mundo real en el que vivimos. La información incesante puede estresar y colmar tu capacidad. Tu teléfono puede comportarse como un niño pequeño con una rabieta: sus pitidos constantes te conducen a múltiples canales y notificaciones, y todos exigen que les prestes atención ¡AHORA!

Las redes sociales nos atrapan y, sin darte cuenta, ya han pasado 60 minutos. El peligro de estar deslizando la pantalla todo el tiempo nos arrastra a una historia interminable, sin descanso, sin pasar de página para que nos detengamos y seamos conscientes de lo que está sucediendo. Las investigaciones demuestran que cuanto más tiempo se pasa en las redes sociales, más probabilidades hay de tener una salud mental deficiente (aunque no está claro si se trata de una causa o un efecto).

La naturaleza adictiva de los teléfonos y las redes sociales está cada vez más presente. Deslizamos el dedo por la pantalla de forma inconsciente, todo lo contrario a ser plenamente conscientes, y eso nos quita tiempo para hacer cosas beneficiosas para nosotros. Buscamos la validación a través de las redes sociales, y no recibirla nos afecta negativamente. El *feedback* que recibimos mediante los "Me gusta" y los comentarios es un estímulo que refuerza y puede ser adictivo.

Hay otros peligros potenciales: las redes sociales fomentan la comparación, por lo que somos propensos a comparar la proyección de la perfección de otros con nuestra vida menos perfecta (léase "normal"). Las investigaciones han demostrado que la percepción de la realidad de los cuerpos en las redes sociales puede llevar a las mujeres, sobre todo a las más jóvenes, a sentirse mal con su cuerpo (y sospecho que esto también es aplicable para los hombres).

Exponernos en las redes sociales nos hace vulnerables a los juicios y las críticas de los demás, lo que puede suponer desde comentarios involuntarios hasta acoso y hostigamiento o *trolling*, jerga internauta que hace alusión a un comportamiento dirigido a generar controversia, a través de provocaciones o amenazas llevadas a cabo por un usuario que no se suele identificar habitualmente.

Por supuesto, las redes sociales también tienen aspectos positivos. Conectamos con otras personas, compartimos nuestras habilidades creativas, establecemos conexiones que nos permiten normalizar nuestras experiencias y aprendemos, entre otras cosas. También pueden suponer una distracción gratificante, una forma de leer o de echarse unas risas. Para cuidar la mente no hay que rechazar las redes sociales; hay que asegurarse de que su uso es útil y reconocer cuando no lo es.

EJERCICIO 1

¿Quién tiene el control, tú o tu teléfono?

Con esta lista de comprobación, podrás destacar los aspectos en los que necesites trabajar. Marca las casillas que consideres que se aplican a ti. Si respondes de forma afirmativa a alguna de estas preguntas, tal vez sea el momento de reconsiderar el uso que le das al teléfono o a las redes sociales para asegurarte de que son herramientas útiles en tu vida y no un obstáculo.

¿El uso del teléfono te hace sentir mal?

- [ ] *¿Te sientes ansioso, triste o impropio al hacer* scroll, *y esa sensación se prolonga en el tiempo?*
- [ ] *¿Dispones de tiempo en el que prescindas del móvil?*
- [ ] *¿Consultas las redes sociales compulsivamente?*
- [ ] *¿Te sientes obligado a publicar en redes sociales para conseguir "Me gusta"?*
- [ ] *¿Te sientes mal cuando no consigues tantos "Me gusta" como esperabas en un post?*
- [ ] *¿El uso del teléfono te impide hacer lo que realmente quieres?*
- [ ] *¿El uso del teléfono se interpone en cosas tan importantes como tus relaciones o aficiones?*
- [ ] *¿Influye negativamente en tu vida real, como el sueño, la alimentación, el trabajo o la educación de tus hijos?*

EJERCICIO 2

Retoma el control

Si has comprobado que el uso del teléfono o de las redes sociales te perjudica y te impide hacer lo que quieres, es el momento de empezar a recuperar el control. Prueba a seguir estos consejos básicos sobre el uso del teléfono:

Poner límites realistas a tu uso utilizando aplicaciones para configurar restricciones de tiempo o alertas. Estas herramientas te ayudan a fijar límites y pautas proactivas sobre cuándo se puede utilizar el teléfono.

No consultes el teléfono cuando te metas en la cama.

Diseña tu contenido en redes sociales: deja de seguir o silencia a las personas que te hagan sentir mal.

Desactiva las alertas para que seas tú quien controle las redes sociales, en lugar de que ellas te controlen a ti.

Ten en cuenta que estás viendo una imagen de los demás que ha sido cuidadosamente seleccionada.

Sé consciente de los peligros potenciales de compartir información personal y decide con conocimiento de causa si quieres publicar o no.

Mantén tu teléfono en otra habitación o apágalo cuando no quieras usarlo.

EJERCICIO 3

Rompe con el hábito. Toma activa de decisiones

Coger el teléfono puede convertirse en un hábito difícil de romper. Su uso se convierte en un proceso tan automático que uno no siempre es consciente de que lo está haciendo. Sin embargo, si tomas conciencia del uso del teléfono, antes y durante su utilización, podrás tomar una decisión activa sobre lo que vas a hacer a continuación- ¿vas a seguir haciendo uso del teléfono o no? Puedes hacerlo de varias maneras:

Antes de coger el teléfono: Párate a pensar. ¿El uso del teléfono en este momento te resulta útil o no? ¿Realmente quieres utilizar el teléfono en este preciso instante? Si no quieres usarlo, pero te cuesta renunciar a él, hay algunas aplicaciones estupendas que facilitan la autogestión de la atención y frenan el impulso de coger el teléfono.

Mientras estás utilizando el teléfono: Es fácil dejarse llevar y perder la noción del tiempo. La clave está en desviar tu atención para que seas consciente de lo que estás haciendo. Programa alguna alerta antes de empezar, como un temporizador o una limitación de tiempo en la pantalla de tu móvil.

Cuando aparezca el aviso, pregúntate lo siguiente:

¿Cómo me siento en este momento?

¿Seguir utilizando el teléfono me ayuda o no me ayuda? ¿Quiero seguir usándolo?

Si la respuesta a cualquiera de estas preguntas es "no", distráete haciendo otra cosa que capte tu atención o aparta físicamente el teléfono para que no esté a tu alcance.

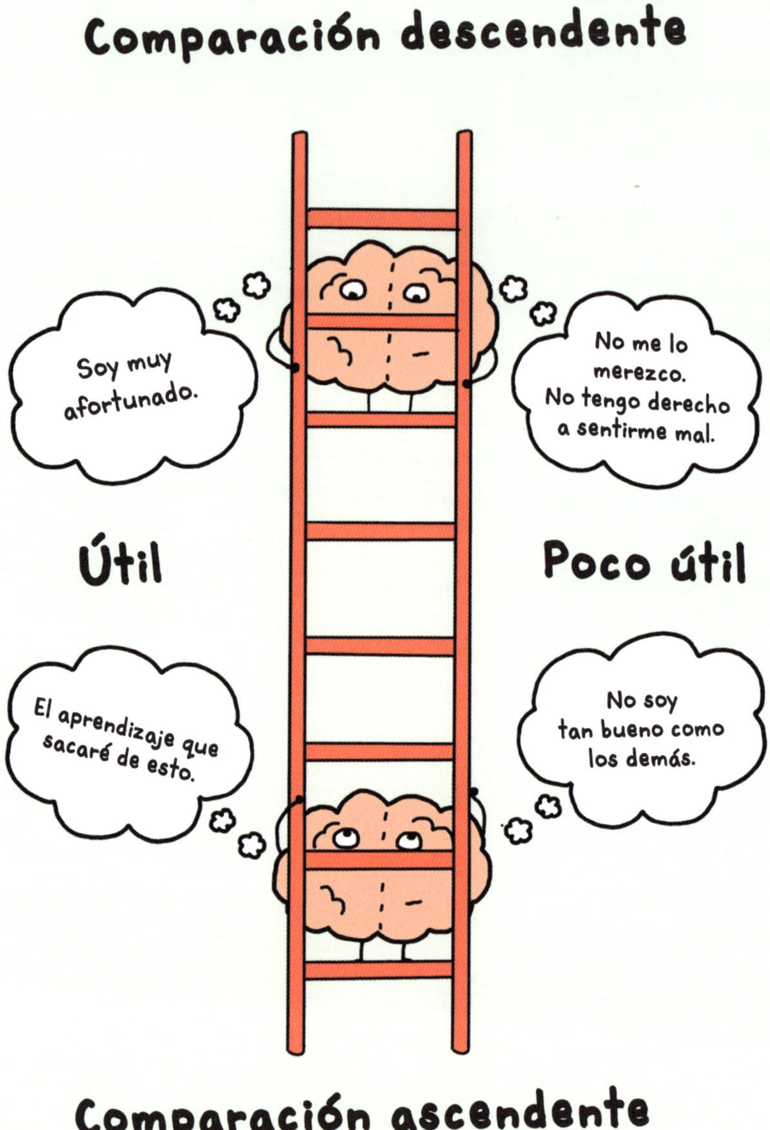
Comparación descendente
Soy muy afortunado.
No me lo merezco. No tengo derecho a sentirme mal.
Útil
Poco útil
El aprendizaje que sacaré de esto.
No soy tan bueno como los demás.
Comparación ascendente

El arte de la comparación

A todos nos pasa, nuestros cerebros están adaptados para hacerlo y las redes sociales se prestan a ello a la perfección: compararnos con los demás. ¿Qué grado de éxito tengo comparado con el de mis colegas? ¿Qué tan buenas son mis habilidades de crianza comparadas con las de otros?

La comparación en sí no es intrínsecamente mala, y a veces puede resultarnos útil, al permitirnos desenvolvernos con eficacia por el mundo social, escoger aliados y socios eficaces e identificar a nuestros enemigos. Lo que la comparación nos provoca depende de varios factores, como el significado que le demos a la propia comparativa y el punto de referencia que tomemos. Por eso, si sentimos que nuestro rendimiento es mucho peor que el de nuestros compañeros, o nos sentimos diferentes a la mayoría de la gente, esas comparaciones al alza o ascendentes pueden hacernos sentir insuficientes.

Las redes sociales, elemento relativamente reciente de nuestro mundo, son un caldo de cultivo para la comparación. Nos bombardean con imágenes confeccionadas de la vida de otras personas: cuerpos inalcanzables, casas perfectas, días de diversión en familia, estilos de vida por encima de nuestras posibilidades. Aunque seamos conscientes de que no se trata de algo real, el resultado final desencadena en comparaciones sociales ascendentes que tienen la capacidad de hacernos sentir ansiosos. Nos sentimos diferentes o menos buenos que los demás. Normalmente este tipo de comparaciones no tienen sentido, pues nos medimos con la versión más impresionante de otra persona, una visión idealizada. Solo vemos una parte de la historia, y lo cierto es que no deberíamos juzgar un libro, ni hacer comparaciones basadas en dos páginas del capítulo 7.

No solo nos comparamos con otras personas, sino que también nos comparamos a nosotros mismos y a nuestras vidas con nuestro yo imaginario. Comparamos nuestro éxito, nuestros fracasos y nuestra situación actual con una vida proyectada o un futuro previsto. "La vida me habría ido mejor si hubiera conseguido ese trabajo. Sería más feliz si tuviera más dinero". No solo nos comparamos con otras personas, sino que también nos comparamos a nosotros mismos y a nuestras vidas con nuestro yo imaginario. Comparamos nuestro éxito, nuestros fracasos y nuestra situación actual con una vida proyectada o un futuro previsto. "La vida me habría ido mejor, si hubiera conseguido ese trabajo". "Sería más feliz, si tuviera más dinero". Nuestra versión simulada evita todo lo malo, así que seguramente será una versión mejor que hará que nuestra propia vida o nuestras elecciones parezcan peores de lo que verdaderamente son.

Cuando hacemos una comparación, utilizamos un punto de referencia. Podemos pensar en comparaciones ascendentes (compararnos con personas que creemos que están mejor) o descendentes (compararnos con personas que creemos que están peor). Los puntos de referencia son cruciales, ya que pueden determinar el significado que atribuimos a las comparaciones. Tal vez te sorprenda saber que las investigaciones revelan que los ganadores de la medalla de bronce de los Juegos Olímpicos suelen estar más contentos con su logro que los ganadores de la medalla de plata, pese a que esta última implique un mejor resultado.

Aparentemente, esto se debe al punto de referencia que utilizan. Los ganadores de la medalla de plata hacen comparaciones ascendentes con la medalla de oro, de modo que sienten que se les ha escapado la posibilidad de ser campeones olímpicos, mientras que los ganadores de la medalla de bronce establecen comparaciones descendentes con el resto de los competidores, por lo que se sienten afortunados por haber conseguido una medalla.

El significado que asignamos a una comparación puede hacerla más o menos útil. Solemos presuponer que una cualidad hace que la vida de otra persona sea mejor; significa que son mejores personas que nosotros. Son más ricos y por tanto su vida es más fácil. Su magnífico trabajo les hace más felices. No estamos a su altura. Estas comparaciones no solo no son válidas, pues se basan en información incompleta o parcial, sino que las suposiciones que formulamos son también incorrectas. No podemos saber con certeza si ellos son más felices o se sienten más realizados. Así que el problema no es la comparación en sí misma, sino el punto de referencia que tomamos, junto con el significado que interpretamos y las suposiciones que hacemos basadas en ese punto de referencia.

El cerebro está diseñado para comparar, y es probable que siga haciéndolo quieras o no. Pero la comparación es un arte, y puedes aprender a distinguir las comparaciones injustas. Puedes guiar a tu mente para que cuestione la validez de tus juicios y escoja puntos de referencia más precisos, lo cual permitirá crear una imagen más exacta.

EJERCICIO 1

Observa la comparación: ¿Qué validez tiene?

Estos tres pasos pueden ayudarte a observar tus comparaciones y a pensar en cómo estás actuando cuando se dan. Consulta el ciclo de las emociones (véanse las páginas 72-77), utilizando tu punto de referencia de la comparación como elemento desencadenante, para ayudarte a anotar tus respuestas.

1. Fíjate en la comparación que estás haciendo

¿Con quién o qué te estás comparando? ¿Cómo te hace sentir eso?

¿Qué historia asumiste sobre ti mismo o sobre la otra persona cuando hiciste la comparación? Por ejemplo: están mucho más unidos que yo.

2. Cuestiona la validez de la comparación

¿Estás haciendo una comparación solo con información parcial? Por ejemplo, la imagen que alguien proyecta de sí mismo en las redes

¿Te estás comparando con una situación ficticia e idealizada, sin tener en cuenta todos los inconvenientes?

¿Comparas realmente situaciones similares? ¿O comparas tu autocrítica más dura con la mejor faceta de otra persona?

¿Haces supuestos que no son válidos sobre las personas, por ejemplo, que siempre son felices, y te comparas con ellos?

3. ¿Qué significado tiene para ti tu comparación?

¿Estás haciendo juicios injustos sobre ti mismo en base a tu comparación como que no tienes éxito o no has conseguido nada?

¿Estás haciendo suposiciones incorrectas sobre el significado de las comparaciones para la otra persona, como, por ejemplo, que su vida debe ser mejor porque es más guapa que tú o que debe ser feliz porque tiene ese trabajo?

¿Hay pruebas que respalden tus suposiciones? ¿Qué pruebas hay de que tener mucho dinero o ser famoso te haga más feliz?

EJERCICIO 2

Escoge tu punto de referencia

El punto de referencia condiciona en gran medida la comparación y el significado que se extrae de ella. ¿Estás haciendo una comparación ascendente o descendente? Una vez que sepas dónde estás, estableciendo tu punto de referencia, podrás guiar a tu cerebro para que elija otro. A diferencia del ganador de la medalla de plata, escoge centrarte en el bronce y considéralo un gran logro. En casi cualquier situación de la vida habrá personas mejores y peores que tú, y tú tienes la posibilidad de escoger el punto de referencia.

O puedes optar por un punto de referencia totalmente diferente. Quizá sea más justo comparar tu tiempo como ganador de la plata con el tiempo que hiciste en la misma carrera el año pasado.

Cuando trabajo con personas en rehabilitación, tratamos de establecer su punto referencial de comparación al comienzo de la rehabilitación y no antes de la enfermedad. Una vez que seas consciente de dónde estás, marcando automáticamente tu punto de referencia, puedes recalibrarlo a donde creas que funciona mejor y sea más justo.

EJERCICIO 3

Comparación con una alternativa imaginaria

Lo hacemos todo el tiempo. Pensamos que la vida sería mejor si consiguiéramos ese trabajo, que seríamos más felices si no nos hubiera pasado eso, o que cuando consigamos X, Y, Z nos sentiremos... Se trata de una comparación con una versión de nosotros mismos basada en la realidad virtual, en la que planteamos suposiciones sobre lo que ocurriría en una simulación de realidad alternativa. Esas versiones simuladas suelen destacar en exceso los aspectos positivos potenciales y restar importancia a los negativos, así que siempre resultará en una comparación ("sin validez") ascendente.

Compararse con una alternativa idealizada puede generar muchas emociones, entre ellas el arrepentimiento. De hecho, estás comparando una decisión que tomaste o lo que te ocurrió con algo que consideras que habría sido mejor. La realidad nunca puede triunfar si la comparas con una alternativa imaginaria idealizada.

Intenta recordarte a ti mismo que en realidad no hay forma de saber si la alternativa hubiera sido mejor o incluso diferente, y que de hecho podría haber tenido una consecuencia mucho peor. Plantéate recalibrar tu punto de autorreferencia imaginario mediante lo que se conoce como visualización negativa. Pregúntate: "¿Cómo sería la vida si no tuviera lo que tengo ahora?" De esta forma, puedes redefinir tu punto de referencia hacia una comparación imaginaria descendente, lo que, según las investigaciones, es más susceptible de conducir al sentimiento de gratitud por lo que tienes y a valorar las decisiones que has tomado.

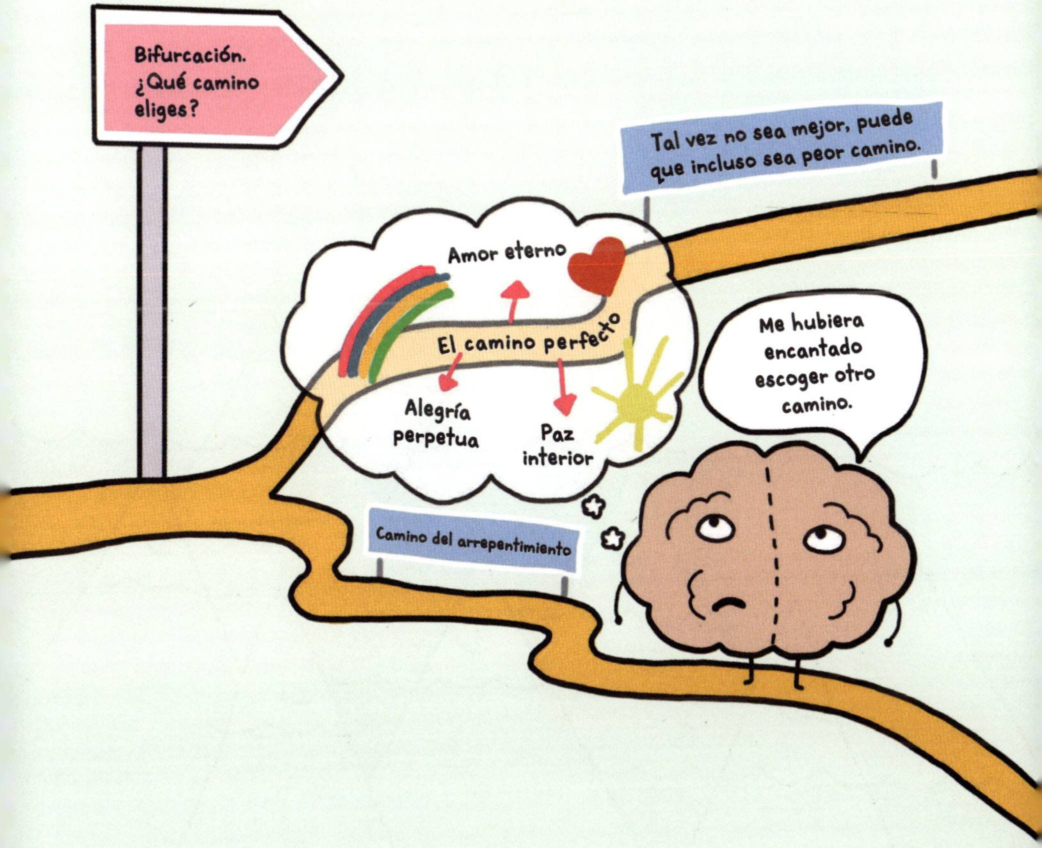
Bifurcación. ¿Qué camino eliges?
Tal vez no sea mejor, puede que incluso sea peor camino.
Amor eterno
El camino perfecto
Alegría perpetua
Paz interior
Me hubiera encantado escoger otro camino.
Camino del arrepentimiento

El iceberg del impostor

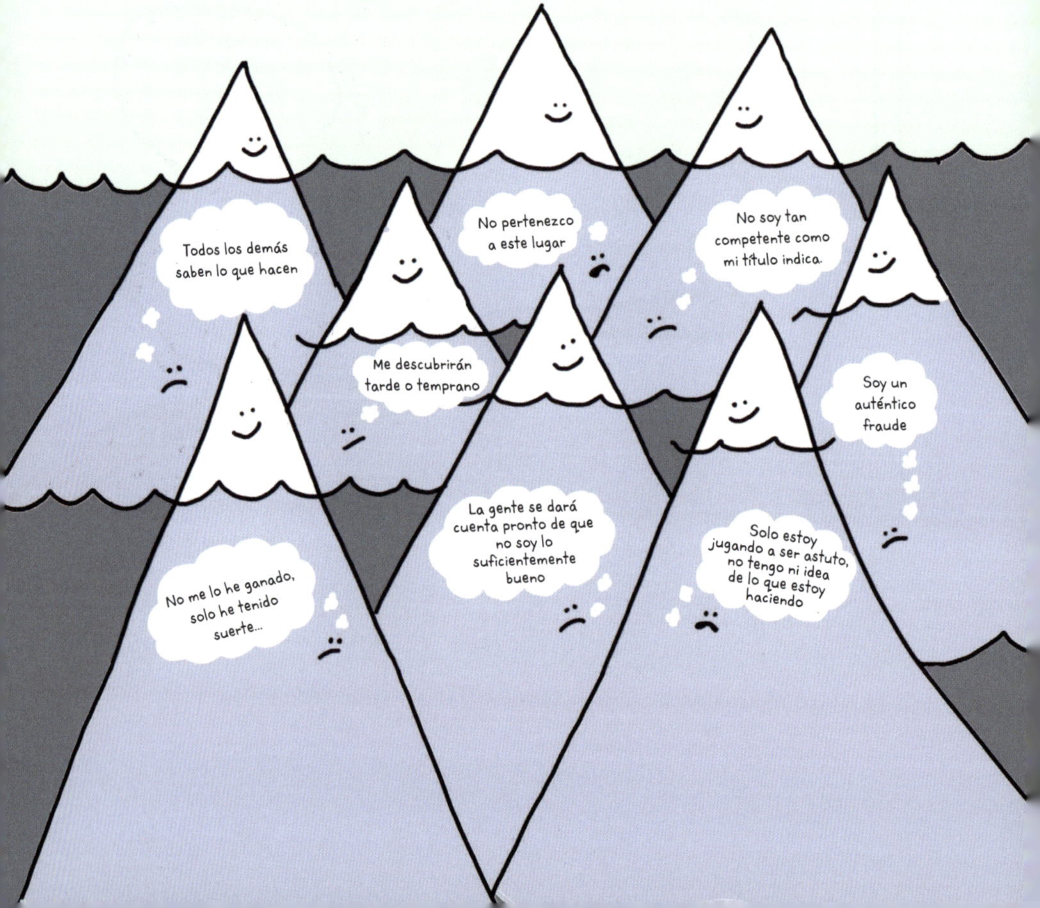

Síndrome del impostor

¿Te has preguntado alguna vez cuándo llegará el día en que te descubran? ¿Y cuando la gente descubra que en realidad no sabes lo que haces? Si lo has hecho, no eres el único. Se estima que alrededor del 70% de las personas han padecido el síndrome del impostor. Aunque no es un diagnóstico, el síndrome del impostor describe a alguien que, a pesar de ser competente, cree que su éxito se debe a la suerte en lugar de a sus propias habilidades y esfuerzos, y que en realidad no es tan hábil como parece.

El resultado es el miedo que crece ante la idea de que algún día la falta de conocimientos y habilidades ocultas queden al descubierto. Esto puede originar cierta ansiedad, puesto que estás esperando a cometer ese error que acabará por revelar que eres un impostor por excelencia. El síndrome del impostor puede impedirte postular a puestos de trabajo o ascensos, hablar en reuniones o incluso pedir cosas que te podrían servir, porque tus dudas se interponen en el camino de creer que puedes lograr esas cosas. No se trata únicamente del trabajo; puedes sentirte un impostor en casi cualquier ámbito de la vida, incluido el de ser padre o madre, o incluso el de ser simplemente una persona adulta.

La ironía del síndrome del impostor es que suele darse en personas que sí saben de qué hablan. Hay estudios psicológicos, cuyos resultados se han denominado efecto Dunning-Kruger, que lo demuestran:
Cuanto más competentes somos, menos competentes nos creemos, porque somos más conscientes de lo que no sabemos.
También podemos experimentar el llamado efecto halo. Esto significa que agrupamos lo que consideramos cualidades positivas y hacemos suposiciones incorrectas sobre ellas. Si pensamos que

alguien es atractivo o seguro de sí mismo, suponemos que tiene otras cualidades positivas, como ser competente, aunque no sea así. Con el síndrome del impostor podemos atribuirnos a nosotros mismos lo contrario: si no tenemos confianza en nosotros mismos, seguramente significa que no somos competentes, aunque no sea cierto.

Otro factor del síndrome del impostor es la asignación que hacemos: tendemos a atribuir los sucesos negativos a causas internas y los positivos a factores externos. Eso significa que todo lo malo que ocurre es claramente por nuestra culpa y, por el contrario, nunca podemos responsabilizarnos ni atribuirnos el mérito de nada bueno.

El sentimiento de ansiedad o las dudas sobre uno mismo pueden llevarnos a asumir conceptos erróneos sobre nosotros mismos: "Me siento ansioso, así que algo debo estar haciendo mal". En realidad, puede que simplemente te sientas ansioso porque te encuentras en un terreno desconocido o estás cuadrando mucha información compleja. Tener y gestionar las dudas sobre uno mismo no es algo fuera de lo normal; es más, puede mantenerte alerta y hacerte ver cuándo necesitas más aprendizaje o información.

EJERCICIO 1

Reconocer las dudas y el malestar

Las dudas sobre uno mismo son la base del síndrome del impostor. Todos tenemos distintos grados de inseguridad, pero es fundamental reconocer cuándo pasa a ser inútil, de manera que haya que pensar en las medidas que se pueden tomar para controlarla.

Aunque no se trata de una escala científicamente probada, he utilizado el siguiente dibujo en el ámbito clínico con el objetivo de ayudar a las personas a reconocer cuándo están sintiendo dudas sobre sí mismas y a plantearse cuál es la mejor manera de gestionarlas. Piensa en qué punto de la escala te encuentras en el diagrama. Esta posición variará en función de lo que ocurra en tu vida y del nivel de capacidad que tenga tu vaso.

¿En qué punto de la escala se encuentran tus dudas? ¿Es útil y te permite controlarte, identificarte y animarte a aprender cosas nuevas y buscar apoyo cuando es necesario? ¿O se inclina hacia lo inútil, o incluso se aproxima a una etapa de bloqueo, impidiéndote hacer cosas, sintiéndote avergonzado?

EJERCICIO 2

Gestionar las dudas sobre uno mismo

Entonces, crees que esas dudas sobre ti mismo se han convertido en algo inútil en este momento. ¿O tal vez solo quieras gestionar las dudas asociadas al síndrome del impostor en general? Estos cinco pasos te ayudarán a identificar lo que ha desatado este episodio específico del síndrome del impostor y a pensar en cómo puedes gestionarlo.

Paso 1. Identifica: acepta que te sientes así

- ¿Hay algún desencadenante concreto? De ser así, ¿puedes hacer algo al respecto ahora mismo?
- ¿Te enfrentas a la incertidumbre? Por ejemplo, asumir un nuevo cargo
- ¿Tus niveles de estrés son muy altos?
- ¿Tienes demasiadas cosas que hacer?
- ¿Necesitas competencias adicionales para lo que te han pedido que hagas?

Puede que no exista un desencadenante concreto, y está bien.

Paso 2. Tolera: observa como te sientes

- Describe las sensaciones a nivel fisiológico.
- Describe las emociones.
- Describe tus pensamientos.

Utiliza el ciclo de las emociones (págs.72-77) como ayuda.

Paso 3. Normaliza - sentirse un impostor es normal

- Recuérdate a ti mismo que esto es solo una sensación fisiológica. No es más que tu cuerpo preparándote para la acción.

- Es normal sentir cierta incomodidad, más aún cuando se trabaja en la incertidumbre o se hace algo nuevo.
- Recuérdate a ti mismo que está bien sentirse así. La mayoría de las personas se sienten así en algún momento. Muchas personas a las que admiras, que parecen seguras de sí mismas, también se sienten así.

Paso 4. Reformula. Este sentimiento no refleja tu capacidad

- Tener un pensamiento no lo convierte en un hecho.
- Recuérdate a ti mismo que en otras ocasiones parecidas lo has conseguido.
- Las dudas sobre uno mismo no son del todo malas: a veces puede ser útil controlar y tener la mente abierta a otros puntos de vista.

Paso 5. Soluciona el problema

- Recuerda tus logros.
- ¿Hay alguna iniciativa práctica que puedas llevar a cabo para abordar los factores desencadenantes?
- Cuéntaselo a alguien de confianza: compartir tus pensamientos puede ser muy reconfortante, y es probable que tu confidente también se sienta identificado.
- ¿Hay alguna medida práctica que puedas tomar para gestionar esto, como hablar de las incertidumbres que tienes en el trabajo con un mentor?
- Busca una opinión externa de confianza sobre tu rendimiento: ¿coincide con tu opinión?

EJERCICIO 3

Mantén tus atribuciones bajo control

Al experimentar el síndrome del impostor, las atribuciones suelen estar sesgadas de forma injusta: las cosas malas se interiorizan, de modo que son todas culpa tuya, y las buenas se exteriorizan, de manera que nunca puedes atribuirte el mérito. Si identificas tus atribuciones, podrás analizarlas de forma más racional, desmontarlas y reflexionar sobre las verdaderas causas.

Utiliza el diagrama de atribuciones que aparece al lado para ayudarte. Cuando observes que estás haciendo una atribución, apúntalo en el globo de arriba para saber a qué estás atribuyendo la causa. Por ejemplo, ¿te estás culpando al cien por cien de algún error que haya ocurrido? ¿O no te atribuyes ningún mérito cuando se trata de un resultado positivo? Ahora retrocede y utiliza los globos inferiores para pensar en las causas reales. ¿Contribuyeron otros factores externos a este error? ¿Tuviste más peso o impacto en ese resultado positivo del que te atribuyes?

¿Qué me están contando mis atribuciones?

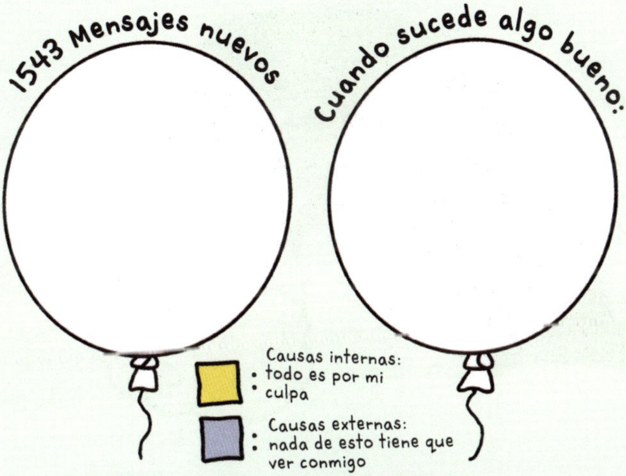

La realidad:

Cómo se sienten los errores:
¡Estás condenado al fracaso total, eres una basura!

Cómo se sienten los errores:
No soy tan malo como crees, solamente soy parte de la vida, genero frustración, pero podemos resolverlo.

Se reserva el derecho a fallar

De acuerdo, tu cerebro tiene muchos atajos, sesgos y lagunas que lo convierten en un consumidor de información rápido pero imperfecto. Sin embargo, puedes aprender mucho de él, sobre todo de cómo se enfrenta a sus propios errores. El cerebro funciona mediante el proceso de predicción y error predictivo. Determina lo que cree que va a ocurrir y, si hace una predicción incorrecta, vuelve a calibrarse teniendo en cuenta esta información. Se construye en base a muchas instancias de diferencia para proporcionar una comprensión del mundo tan amplia y precisa como sea posible. Es muy inteligente: es consciente de que necesita predecir cosas de forma incorrecta si quiere aprender algo nuevo. Me parece increíble. Ojalá pudiéramos aplicarnos a nosotros mismos esa concepción comprensiva.

El miedo a equivocarse y, en su forma extrema, el perfeccionismo, son comunes: como seres humanos nos impulsa alcanzar metas, nos gusta hacer las cosas bien y no nos gusta equivocarnos. La sociedad premia el perfeccionismo y los logros hasta el punto de que empezamos a creer que eso nos define o nos hace felices. Además, somos animales sociales a los que les gusta que los demás los vean con buenos ojos, y por eso nos gusta hacerlo siempre bien. Por eso, cometer errores y fracasar puede traducirse en sentimientos desagradables. Si no estamos a la altura de las circunstancias —el trabajo, la vida, los hijos, el matrimonio, las comidas caseras saludables—, es que estamos fracasando. Todo lo que no sea perfecto es un fracaso; sentirse desbordado es un fracaso, sentir que no llegas a todo es un fracaso. Todo se reduce a nosotros; no estamos cumpliendo, no somos lo suficientemente buenos Volvemos a las atribuciones (págs. 120-121): interiorizamos las causas, os cargamos de culpa y no sabemos reconocer que estamos ante una vivencia universal absolutamente normal.

Esta aversión a los errores contrasta directamente con la vida, que está inevitablemente llena de fracasos, propios o ajenos. Sea cual sea la responsabilidad, parece que la satisfacción en la vida no tiene que ver con las cosas que salen bien, sino con aprender a gestionarlas cuando salen mal. Tolerar y permitir los errores ayuda a reducir los niveles de estrés.

Todo eso que consideramos un fracaso puede convertirse, visto con un poco de retrospección, en puntos de inflexión positivos que nos llevan por otro camino, nos obligan a hacer balance, a desarrollar nuevas habilidades o a tener nuevas ideas. En ese momento puede parecer insufrible, pero a largo plazo solemos dar las gracias por esos "fracasos". Muchos de los éxitos surgen de supuestos fracasos y desviaciones, y muchos aseguran que su capacidad de resistencia frente a la adversidad fue lo que les llevó al éxito. Así que a lo que hoy llamamos fracaso puede convertirse en todo lo contrario.

En relación con el ciclo de las emociones (véanse las páginas 72-77), no parece complicado entender cómo el miedo a los errores o a los fracasos puede influir sobre la conducta. Podríamos evitar hacer cosas en las que no somos buenos o aprender habilidades nuevas, puesto que no hacer bien las cosas nos hace sentir incómodos (esto también está relacionado con el síndrome del impostor, ver páginas 114-121). El miedo a los errores implica la posibilidad de procrastinar hasta estar seguros de que podemos hacer algo perfectamente, o bien (si eres como yo en la universidad) lo has dejado para tan tarde que ya no tienes elección ni el privilegio del tiempo.

Puede que nos sintamos impulsados a seguir buscando el perfeccionismo, porque alcanzar los objetivos y el éxito despierta sentimientos positivos, lo cual refuerza aún más este comportamiento. Todo ello está ligado a la creencia errónea de que nuestros logros nos definen.

Aunque los errores y los fracasos son inevitables a lo largo de la vida, la forma en que respondemos a ellos no lo es, y aprender a aceptarlos es especialmente beneficioso para tu salud mental y tu mente en sí misma.

EJERCICIO 1

El significado real de los errores

Piensa en el significado que le das a lo que percibes como errores y, a continuación, reformúlalo para pensar en el significado real.

¿Qué historias te estás contando sobre los errores?

¿Te cuentas a ti mismo que siempre te equivocas?

¿Te recuerdas lo inútil que eres por cometer un error?

¿Crees que los demás pensarán que eres incompetente?

¿Te dices a ti mismo que no eres capaz de hacer frente, cuando la vida te ha puesto algunas piedras en el camino con las que cualquiera tendría dificultades?

¿Estás magnificando tus errores para que sean mucho más grandes y signifiquen más de lo que realmente significan?

¿ Cuál es el significado real de tus errores?

¿Significan tus errores realmente lo que crees que significan? Piensa en ser más preciso con tu historia.

¿Qué le dirías a un colega o a un amigo si cometiera este error? Solemos ser más objetivos cuando observamos supuestos de la vida en otras personas.

¿Qué opinas de las personas que reconocen sus errores y se ponen manos a la obra para solucionarlos?

¿Realmente equivocarse es de seres humanos? ¿De verdad te define un error?

¿De verdad te define un error?

¿Acaso enfrentarse a estos obstáculos te ayuda de alguna manera?

EJERCICIO 2

Hazte amigo de tus errores

Una vida sin tropiezos y fracasos solo existe en los cuentos de hadas. No digo que te gusten esos errores —lo más probable es que despierten emociones incómodas—, pero permítete fracasar. Hazte amigo de tus errores, para que no te aterren, y considéralos como conocidos a los que puedes aceptar y tolerar.

Cuando necesites aprender de tus errores (porque a todos nos pasa a veces), acércate a ellos con la mente abierta, en lugar de avergonzarte y querer huir y esconderte. Puede ayudarte tener algunas frases clave para transformar los errores de lo que parecen monstruos a las criaturas más insignificantes que son en realidad. Esta ilustración nos da algunas ideas para ello y explica cómo replantearnos nuestra percepción de los errores. Añade tus propias frases o afirmaciones a las sugeridas a continuación.

Reduciendo al monstruo de los errores

EJERCICIO 3

El gran desvío de atención

Al dirigirte hacia tus próximos pasos, detectar los errores en el camino y destacar los riesgos, tu cerebro intenta conducirte hacia tus objetivos. Si a esto le sumamos el perfeccionismo y el miedo a cometer errores, es posible que estés excesivamente pendiente de cualquier error que cometas. Puede incluso llevarte a tachar de errores acciones que no lo son.

En consecuencia, tu cerebro se olvida de detenerse, reflexionar y apreciar lo que ya has hecho, es decir, tus logros. Pasa por alto lo bueno y prefiere fijar objetivos y prestar atención a lo malo.

No obstante, puedes darle a tu cerebro un pequeño empujón en la dirección correcta. Utiliza la lista "¡Tachán!" para apuntar lo que has hecho bien. No es necesario que sean grandes logros: salir de la cama aun cuando el ánimo está por los suelos es un logro. Mantener la calma cuando los niños se pelean es un logro, como lo es dedicar tiempo a algo que te guste. Estos son nuestros pequeños "ta das" diarios.

Se trata de algo aparentemente sencillo, pero que te permite valorar lo que has hecho, prestando atención a lo que has conseguido en lugar de pasarlo por alto. Así podrás reorientar tu perspectiva hacia una dirección más positiva.

¡Tachán! Lista

Qué he conseguido/Qué he hecho hoy:

Escala todas las montañas

(Menos la gran montaña de la meta inalcanzable)

Capítulo 5

Respondiendo a nuestras emociones

Cómo actuamos

Nuestro comportamiento es un elemento clave para cuidar nuestra mente, y pueden ser decisivos para cambiar e influir en nuestros pensamientos, creencias y emociones. Esto puede suceder tanto a corto como a largo plazo. Lo que hacemos, por ejemplo, salir a dar un paseo, puede tener un impacto inmediato al cambiar nuestros pensamientos o respuestas fisiológicas y, por consiguiente, cómo nos sentimos. Ya sabemos que entablar y mantener relaciones sociales constituye uno de los factores más importantes para garantizar una salud mental y física positiva. Si lo analizamos, vemos cómo nuestras relaciones se desarrollan y definen a partir de nuestras acciones. ¿Contestaremos el teléfono para hablar con ese amigo? ¿Decidimos hablar de lo que nos preocupa a nosotros o a ellos? ¿Hacemos algo que ayude a otras personas? Lo que hacemos forja esas relaciones sociales. Asimismo, en una escala más amplia, todo lo que hacemos construye nuestra vida de manera que sea útil para nuestra mente, o no. Cuidar la mente consiste en crear hábitos que puedas seguir desarrollando en tu vida. En este capítulo nos centramos en los comportamientos que son positivos para tu mente y tu cuerpo, y en cómo alentarte a introducir y mantener nuevos comportamientos que te resulten beneficiosos.

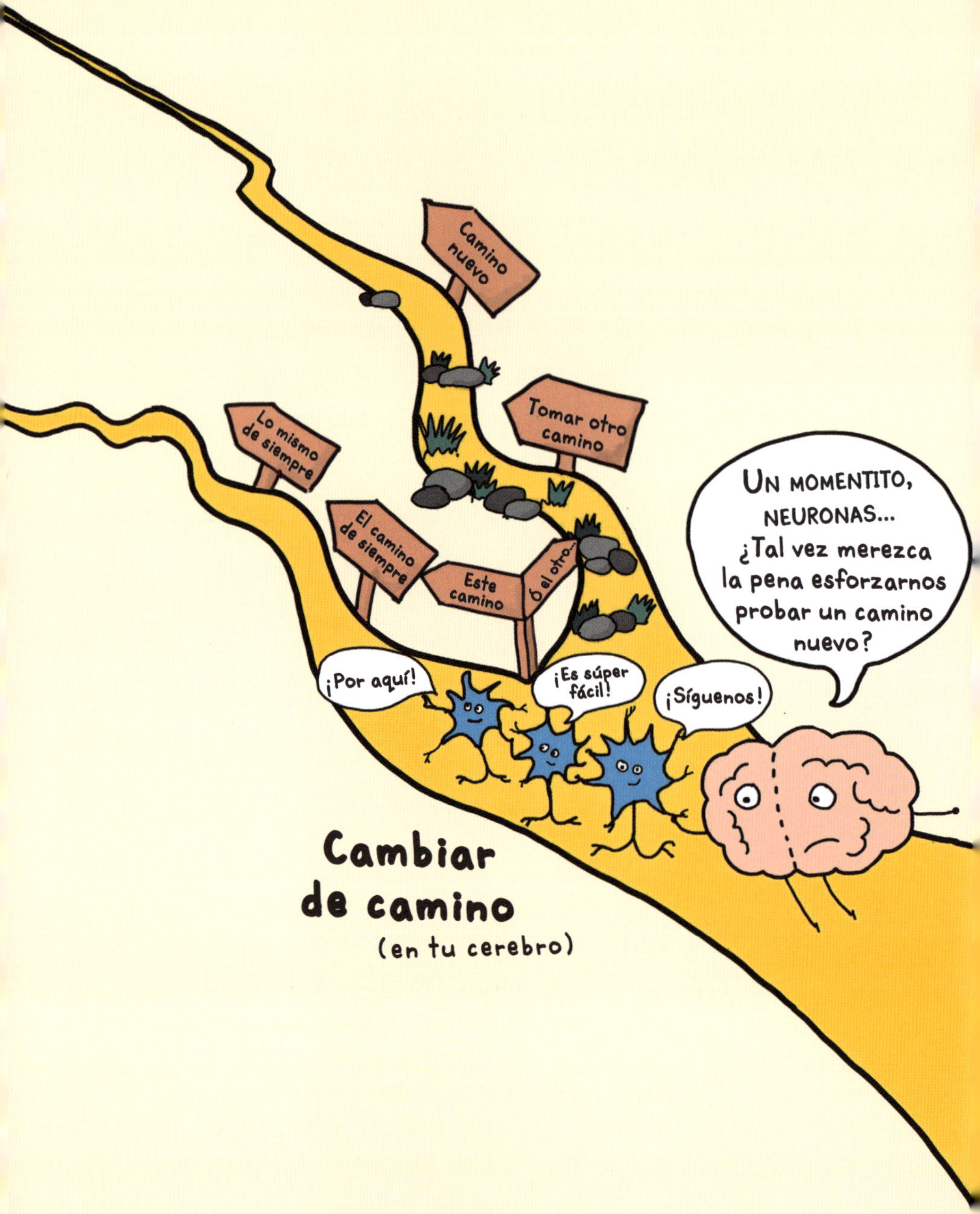

Cambiar de camino

(en tu cerebro)

Cambios y objetivos

Todo lo que decidas probar a partir de la lectura de este libro supondrá un cambio, ya sea adoptar un nuevo comportamiento, poner en práctica una actividad nueva o trabajar en tus pensamientos. Los cambios no siempre son fáciles: ponerlos en marcha y mantenerlos puede suponer un gran esfuerzo. Para ilustrarlo, me gustaría presentarte al grupo de los 85 billones de neuronas de tu cerebro.

Esta banda de neuronas se cantan unas a otras y conectan entre sí todo el tiempo. Hay canciones que suenan más fuerte que otras: las que llevamos cantando más tiempo; las voces de la infancia que aún inundan nuestra cabeza; los patrones de comportamiento de toda la vida; los hábitos que surgen de forma natural; y los pensamientos cuyo origen ni siquiera podemos recordar. Cada uno de ellos es una canción que nuestras neuronas están cantando al conectarse y crear un circuito neuronal. Y llevan mucho tiempo recorriendo estos caminos, por lo que son rutas fáciles de seguir.

Cada vez que intentamos algo nuevo, estamos pidiendo a algunos de esos 85000 millones de neuronas que se desvíen de su tan rodada trayectoria y creen un nuevo camino, y eso requiere esfuerzo y tiempo. No solo hace falta inhibir la respuesta automática, sino también la necesidad casi consciente de crear una nueva ruta.

Utilizo la analogía de la vía neuronal cuando hablamos de cambiar pensamientos o comportamientos. Tus neuronas van a seguir automáticamente el camino fácil y transitado. A menudo descenderán por ese camino sin esfuerzo y sin que te des cuenta. Tienes que detenerlas, hacerlas retroceder y hacer un esfuerzo consciente para que recorran un camino diferente, abrupto y lleno de piedras. Es un camino más duro de transitar, pero cuanto más te lo propongas, menos se te complicará, y al final te resultará más fácil y se convertirá en un proceso automático.

A veces tus patrones de conducta están tan arraigados que puede ser difícil dominar esos comportamientos reflejos automáticos. Aunque tus neuronas sean expertas en la monumental tarea de crear nuevas vías neuronales, a veces —especialmente cuando están cansadas, estresadas o sobrecargadas— vuelven a caer en los viejos hábitos. Cuando caigas en los patrones de siempre, no te rindas ni te reproches. Piensa en lo que te ayudará a recorrer el nuevo camino; cuanto más lo recorras, más fácil te resultará.

Estos ejercicios están pensados para ayudarte a encontrar formas de crear nuevos hábitos y cambios, y a pensar en cómo te las arreglas cuando tienes contratiempos inevitables.

EJERCICIO 1

Fijar objetivos relevantes

Está demostrado que fijarse objetivos te ayuda a tener claro lo que quieres conseguir, a identificar cómo lograrlo y a tener más probabilidades de éxito. Un objetivo es un resultado que puede alcanzarse o completarse, como hacer algo nuevo o cultivar una voz interior más compasiva. Cualquiera de los ejercicios de este libro puede servir de meta.

Aunque parezca sencillo marcarse un objetivo, conseguirlo es más complicado y requiere más dedicación de lo que se piensa. Date tiempo, sé paciente y amable contigo mismo. Aquí van algunos trucos que pueden ayudarte a definir y alcanzar tus metas

Haz que los objetivos sean específicos y medibles. "Seré más sociable" no es específico; "Quedaré con un amigo para tomar café una vez al mes" sí lo es.

Identifica, si es posible, cuándo vas a cumplir el objetivo. Por ejemplo, "El miércoles volveré a casa andando desde el trabajo".

Empieza con algo que te guste. Es mucho más probable que consigas un objetivo con el que te sientas a gusto.

Pregúntate en qué medida estás seguro de que vas a lograr un objetivo, del 0 al 100 por ciento. Empieza con objetivos en los que estés seguro de que vas a conseguir más del 50 %. El éxito te motivará y podrás alcanzar objetivos más difíciles posteriormente.

Fija objetivos basados en tus valores, porque es más probable que los alcances. Si uno de tus valores (págs 36-41) es "estar en contacto con los demás", puedes fijarte el objetivo de llamar por teléfono a un amigo por semana.

Mi meta:
Pequeños pasos que dar para llegar a la meta
1
2
3
4
5

Márcate objetivos de aprendizaje en lugar de objetivos de logro, puesto que será más probable que los cumplas. En lugar de decir: "Voy a comer menos bollería", prueba con: "Quiero encontrar cinco tentempiés para comer de forma saludable".

Celebra y prémiate cuando consigas alguno de tus objetivos o avances por pequeños que sean. Al reforzar positivamente tus logros, te motivarás para hacer aún más.

No dejes que tu crítico interior se cuele y haz lo necesario para cultivar una voz interior más compasiva (páginas 160-165).

Define objetivos en positivo, centrados en aquello hacia lo que te diriges y no de lo que te alejas. "Dejar de sentir ansiedad" no es un objetivo en positivo; "hacer dos cosas al día que me ayuden a relajarme" sí lo es.

Hazlo con alguien más. Las investigaciones demuestran que es mucho menos probable que te eches atrás en algo que has acordado hacer con otra persona.

Utiliza la ilustración para situar aquello que quieres conseguir en la cima de la montaña de los objetivos. A continuación, divídelo en pasos más pequeños que te permitan alcanzar tus objetivos. Cuanto más alcanzables resulten los pasos, mejor. Supervisa tus avances con regularidad para poder decidir cuándo has completado una fase y quieres pasar a la siguiente. Eso también te ayudará a determinar cuándo necesitas reevaluar tus objetivos, y a identificar posibles obstáculos a los que tengas que hacer frente. Es importante no atascarse en los objetivos con rigidez, pues a veces la vida dificulta la consecución de los mismos. Quizá tengas que pensar en otra manera de alcanzar los objetivos, o redefinirlos en consonancia con tus valores y tu evolución vital, si los que te has propuesto se vuelven inalcanzables.

EJERCICIO 2

Incorporar pequeños hábitos a tu vida

En ocasiones, las metas vitales residen en las pequeñas cosas, como muestran la gratitud, leer un libro, dar un paseo o simplemente beber más agua. A veces, estos pequeños hábitos pueden llegar a tener un impacto en tu vida. Sigue estos cuatro pasos para lograr introducirlos en tu día a dia.:

1. Enlaza el nuevo comportamiento con el ya existente.
Si se vinculan a los hábitos existentes, es más probable que los nuevos hábitos se mantengan, y el comportamiento anterior cree un estímulo que impulse el nuevo comportamiento. Incorpora la gratitud a tu rutina habitual a la hora de acostarte o al tomar el café por la mañana. Incluye el paseo en el trayecto para ir a por el café matutino, siguiendo la ruta más larga. Lee un libro cuando vayas de camino al trabajo, o bebe medio vaso de agua cada vez que revises el correo electrónico.

2. Que sea pequeño, específico y alcanzable.
Si te sientes capaz de llevar a cabo la tarea, es más probable que sigas adelante. Empieza leyendo dos páginas de tu libro o bebiendo dos tragos de agua de tu botella. Anota cada noche una cosa por la que estés agradecido. Si te sientes bien completando estos pequeños pasos, es posible que te apetezca hacer más.

3. Incorpora las cosas de una en una.
Si lo haces todo al mismo tiempo, es más probable que te agobies, que empieces a asociar sentimientos negativos con los hábitos y que te rindas.

4. Asegúrate de que tu entorno contribuye a completar la tarea.

Deja el diario de gratitud y el bolígrafo al lado de la cama, o lleva el libro en el bolso, programa la ruta de tu paseo en el móvil, o llena una botella de agua para bebértela durante el día con líneas que marquen la cantidad que vas a beber antes de enviar el correo electrónico.

EJERCICIO 3

Cómo responder (o enfrentarte) a los contratiempos

Los contratiempos son algo normal. Si estás cansado, estresado o agobiado, es mucho más probable que tu cerebro caiga en hábitos antiguos. En lugar de castigarte, ten en cuenta que:

Los tropiezos no son fracasos; pueden ser útiles para aprender de ellos. No te critiques ni te culpes: mira si hay algo que puedas aprender para hacerlo más fácil la próxima vez.

Los tropiezos normalmente se dan cuando no se dispone de los recursos cerebrales necesarios para seguir por un camino nuevo y de mayor dificultad.

Un contratiempo no implica volver al punto de partida. Una vez que hayas empezado, será más fácil volver a tomar ese nuevo camino, y probablemente vuelvas al punto de partida más rápido.

Concéntrate en tus logros: los contratiempos no los anulan.

Los contratiempos son el mejor alimento para tu juez interior, así que usa los ejercicios de las páginas 163-165 si ves aparecer a tu juez.

Rutas que se salen de la rueda del estrés.

(Activando tu sistema parasimpático: generando sensaciones de bienestar)

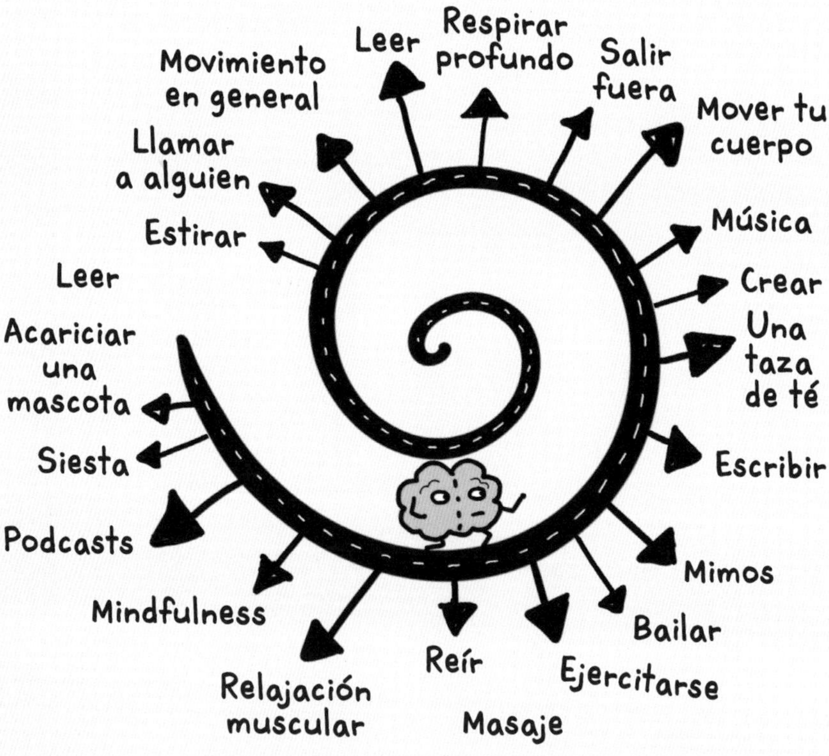

Vayamos a lo físico

Hay una parte del ciclo de las emociones en la que todavía no nos hemos centrado: las sensaciones fisiológicas de nuestro cuerpo que crean emociones y responden a estas. En primer lugar, tengo que presentarte al compañero del sistema nervioso simpático, el sistema nervioso parasimpático.

Como Bert y Ernie, o Laurel y Hardy, los sistemas nerviosos simpático y parasimpático se complementan, trabajando juntos para regular y controlar tu cuerpo y la energía que necesitas. Mientras que el sistema nervioso simpático te prepara para la acción, el sistema nervioso parasimpático generalmente trabaja para tranquilizar a tu cuerpo y participar en el descanso. La sensación de calma se asocia normalmente a la intervención de este sistema. El sistema parasimpático también ayuda a regular la respiración, el ritmo cardíaco y la respuesta inmunitaria, como muestra de su importancia.

Esta parte del ciclo de las emociones, cuyo impacto en las sensaciones fisiológicas y corporales es evidente, puede pasar desapercibida. Posiblemente porque parezca demasiado simple; no implica funciones cognitivas mayores (aunque, por supuesto, lo hace). Sin embargo, al intervenir en el plano físico puede incidir en las sensaciones fisiológicas, provocando distintos sentimientos en tu cuerpo que, percibirlos de forma distinta, pueden generar emociones diferentes.

Algo tan simple como respirar lentamente activa el sistema parasimpático, responsable de la sensación de bienestar en el cuerpo.

Como es lógico, esto no hace desaparecer el factor desencadenante, por lo que si hay algo de tu entorno que te genera ansiedad o tristeza, seguirá siendo necesario abordarlo. De todos modos, interceder a nivel corporal puede contribuir a calmarte lo suficiente como para ordenar el caos que hay en tu cabeza, decidir los pasos a seguir, reconocer las emociones y empezar a actuar en positivo, en lugar de dejarte llevar por tus emociones.
Hay muchas cosas que puedes hacer para que el cerebro y el cuerpo experimenten sentimientos y sensaciones físicas.

Por ejemplo, el ejercicio libera sustancias químicas que inducen distintas sensaciones físicas y emociones agradables, al igual que abrazar a las personas que te importan, hacer algo de forma amable o salir al aire libre. Aunque no puedes impedir obligatoriamente que surjan las emociones, sí que puedes propiciar otras sensaciones corporales, a corto y largo plazo, que, a su vez, generen emociones diferentes.

Reconocer la respuesta fisiológica al estrés e interceder ante ella es una herramienta muy poderosa para controlar la ansiedad y otras emociones. Cuando te sientes mal, es frecuente que lo que quieres hacer —como esconderte en un rincón— suponga una dificultad para hacer aquello que sabes que genera sensaciones más placenteras en tu cuerpo. Sin embargo, cuando dominas la técnica, puedes propiciar un efecto físico bastante potente que repercute en tus sentimientos, sin importar lo que estés haciendo.

EJERCICIO 1

Simplemente... respira

Cuando estamos ansiosos, nuestra respiración se vuelve más rápida y superficial, por lo que tomamos más oxígeno para preparar nuestro cuerpo para la acción. Si el oxígeno adicional no se utiliza, se produce un desequilibrio entre el oxígeno y el dióxido de carbono en nuestro cuerpo, pudiendo dar lugar a otros síntomas físicos asociados a la ansiedad.

Una respiración tranquila y profunda ayuda a reequilibrar el cuerpo, a apaciguar la respuesta de "huida y lucha" y a activar el sistema nervioso parasimpático. Se trata de una habilidad nueva que requiere tiempo y práctica, al igual que se aprende a tocar un instrumento. Te sugiero que lo intentes cuando no estés, ya que resulta mucho más fácil de aprender cuando estás tranquilo. Aunque se puede utilizar esta técnica para reducir la ansiedad cuando se experimenta, llevarla a la práctica de forma habitual puede reducir también la acumulación de estrés.

Hay muchas aplicaciones y vídeos en Internet sobre cómo respirar, pero esta es una técnica muy sencilla que pongo en práctica con adultos y niños para empezar:

Siéntate o ponte de pie y coloca una mano en el pecho y la otra en el vientre. (Con los niños, haz que se tumben en el suelo y pongan un libro en su vientre, porque resulta gracioso tratar de que los libros se levanten). Procura respirar hacia la parte más baja de los pulmones y el vientre, en lugar de hacerlo hacia la parte superior de los pulmones. Cuando respires, debes sentir que tu vientre se eleva, mientras tu pecho permanece lo más quieto posible.

Intenta relajar los músculos todo lo que puedas. Un truco para lograrlo es apretar los músculos y a continuación destensarlos.

Observa con atención las respiraciones. Observa cómo estás respirando en este momento.

Ahora inspira suavemente por la nariz mientras cuentas hasta tres veces lentamente. No fuerces la respiración; hazlo con suavidad. Concéntrate en la sensación que produce la respiración a través de la nariz a medida que vas contando.

Suelta el aire por la boca de forma gradual contando hasta cuatro. Repite esta secuencia durante varias respiraciones o, incluso, varios minutos.

Adapta los tiempos a tu ritmo. La idea es que mantener la inhalación levemente más corta que la exhalación reequilibra el conjunto de gases. Si empiezas a sentirte mareado o con pánico, deja de hacerlo, porque puede que estés forzando demasiado la respiración.

EJERCICIO 2

Genera sensaciones fisiológicas de bienestar

Existen otras formas de activar el sistema parasimpático o de liberar otras sustancias químicas para sentirse bien en el organismo, que pueden resultar útiles cuando el estrés empieza a aflorar. Ya hemos hablado de muchas de ellas en este libro: dormir bien, hacer ejercicio y llevar una dieta sana son medidas que actúan físicamente sobre el cuerpo y constituyen los cimientos de una mente sana.

También puedes actuar en el momento y cambiar la respuesta de tu cuerpo.

El ejercicio y el movimiento ayudan a liberar sustancias químicas que te estimulan; además, pueden favorecer el consumo del oxígeno sobrante producido por la ansiedad. Está demostrado que estar al aire libre, preferiblemente en un espacio de naturaleza, vegetación y con luz natural, disminuye el estrés. El contacto físico, los mimos, acariciar a una mascota y los masajes (si es que te gustan, porque algunos masajes incrementan mi respuesta al estrés) son actos que pueden producir sensaciones físicas agradables y reducir la respuesta al estrés. Cambiar el contexto, cambiar de habitación o de ambiente, puede tener el mismo efecto. Hacer estiramientos, practicar yoga, bailar, moverse, saltar a la comba o incluso dar saltos en la cocina suelen propiciar respuestas físicas que alteran la respuesta al estrés. Para muchas personas, la creación y la lectura también son formas de combatir el estrés. Existen muchas maneras de interferir en la respuesta del cuerpo al estrés y calmar sus efectos o bien crear sensaciones placenteras (a mí me gusta garabatear para que mi sistema corporal de relajación se active). De esta forma se puede interrumpir el ciclo de estrés a corto plazo y aumentar la capacidad de recuperación a largo plazo. Muchas ideas están incluidas en la ilustración que aparece al principio del capítulo, y estoy convencida de que tendrás muchas otras que añadir a tu kit de herramientas.

EJERCICIO 3

Reduce la velocidad, detente y descansa

En una cultura en la que se glorifica el ritmo frenético, es casi un acto de rebeldía ir más despacio, detenerse, hacer pausas y descansar. Pero son requisitos indispensables para cuidar el cuerpo y la mente y crear un balance corporal, o sea, cómo canalizas y empleas tu energía. Las pausas y el descanso sirven para que tu cuerpo y tu mente se regulen. Permiten crear espacio en tu cerebro (a menudo ese espacio es donde se forjan las ideas) y ayudan a reducir el volumen de tu vaso de capacidad.

Sin embargo, mientras escribo estas frases, me doy cuenta de la ironía que supone el no seguir mi propio consejo de descansar lo suficiente. Hay obstáculos que impiden que podamos hacer descansos. No son la norma establecida en el ámbito laboral, creemos que nos harán menos productivos cuando lo que queremos es hacer nuestro trabajo. Pensamos que debemos estar atareados y haciéndolo todo. La culpa nos asalta cada vez que nos tomamos un descanso; creemos que es un lujo. Si no estamos estresados, sentimos que no estamos trabajando lo suficiente.

A pesar de eso, todo indica lo contrario. Bajar el ritmo y descansar es una necesidad para la mente y para el cuerpo. Las pausas nos hacen más productivos (y aumentan la creatividad y las ideas). Incluso las pausas breves, como dar una vuelta a la manzana entre una tarea y otra, pueden tener efectos beneficiosos. Favorecen el proceso de regeneración y recuperación del cuerpo y ayudan a que el cerebro rinda mejor. Estos huecos de tiempo, en los que nos detenemos, descansamos y nos recuperamos, son beneficiosos por naturaleza para nosotros.

Utiliza estas preguntas para identificar los puntos en los que puedes aminorar la marcha e introducir periodos de descanso tanto en tu trabajo como en casa. Los tiempos muertos, los descansos y las pausas deben considerarse como algo sagrado, por lo que vale la pena luchar y proteger a toda costa. Y ahora, voy a tomarme un respiro de escribir...

¿Cómo puedo introducir periodos de descanso o pausas?

En casa: ____

En el trabajo: ____

¿Cuándo sería mejor hacerlo?

En casa: ____

En el trabajo: ____

¿Qué haré en mi momento de descanso para que mi cuerpo y mi cerebro se relajen?

En casa: ____

En el trabajo: ____

¿Qué obstáculos hay para llevarlo a cabo?

En casa: ____

En el trabajo: ____

¿Cómo me aseguraré de que esas pausas se produzcan?

En casa: ____

En el trabajo: ____

¡Soy mucho más poderoso de lo que piensas; aléjame y volveré con más fuerza!
No eres más que un patrón de impulsos eléctricos, simplemente voy a ignorarte.

Capítulo 6

Respondiendo a nuestras emociones

De qué alimentamos nuestros pensamientos

Hay muchas canciones sobre lo poderoso que es el amor, pero creo que deberíamos tener muchas más, porque todas esas ideas y opiniones fugaces que pasan por nuestra mente tienen un efecto muy potente. En este capítulo descubriremos que el pensamiento puede tener el mismo efecto que las vivencias reales, que los pensamientos están vinculados a nuestro cuerpo para crear respuestas fisiológicas y que la idea que tenemos sobre nosotros mismos es fundamental para interactuar con el mundo. Los pensamientos, sobre todo aquellos arraigados y creados por las vías neuronales de nuestro cerebro, pueden parecer tan automatizados, inevitables y factuales que puede parecer que escapan a nuestro control. Sin embargo, una vez que somos conscientes del mensaje que nos transmiten nuestros pensamientos y del impacto que tienen sobre nosotros, podemos detectar las historias inútiles que nos contamos a nosotros mismos y replantearlas. Podemos reescribir nuestra historia desde un enfoque diferente y empezar un nuevo capítulo a partir de ahora. En definitiva, podemos aprender a responder y comprometernos con nuestros pensamientos, así como desarrollar patrones de pensamiento que nos beneficien y contribuyan a cuidar nuestra salud mental.

En este capítulo trataremos de aprender a aprovechar el poder de nuestros pensamientos en beneficio de nuestra mente.

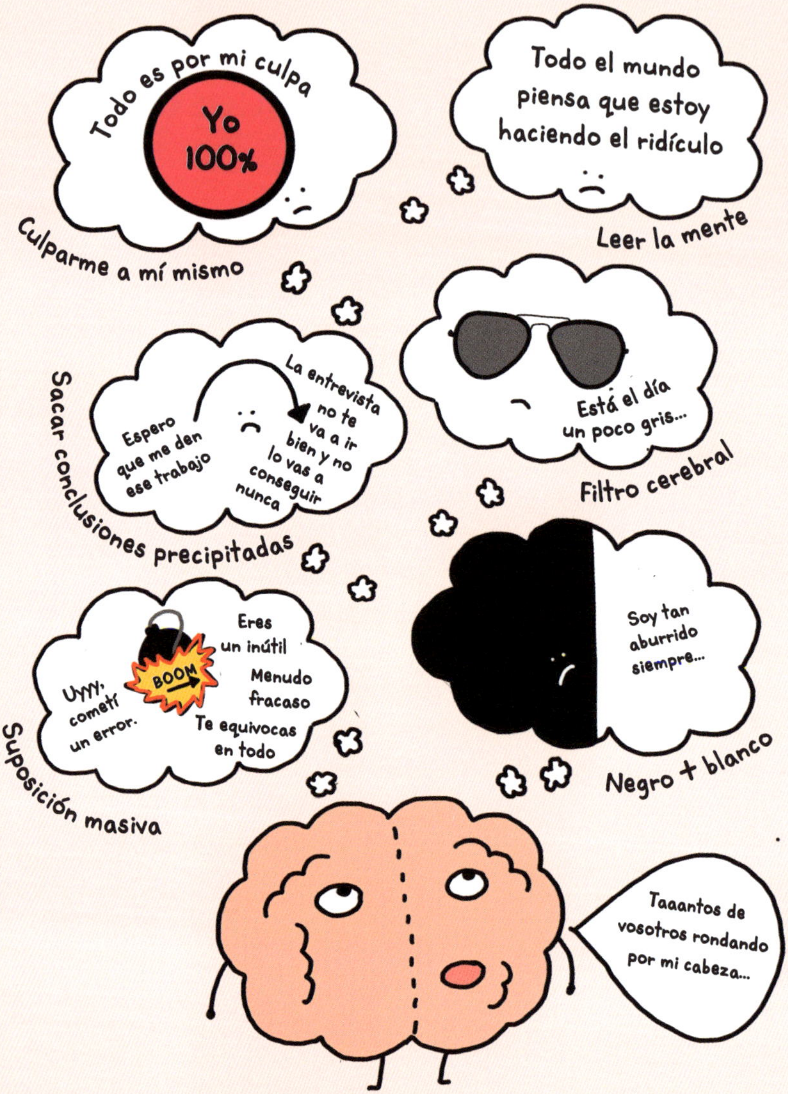
Todo es por mi culpa
Yo 100%
Culparme a mí mismo
Todo el mundo piensa que estoy haciendo el ridículo
Leer la mente
Espero que me den ese trabajo
La entrevista no te va a ir bien y no lo vas a conseguir nunca
Sacar conclusiones precipitadas
Está el día un poco gris...
Filtro cerebral
BOOM
Eres un inútil
Menudo fracaso
Uyyy, cometí un error.
Te equivocas en todo
Suposición masiva
Soy tan aburrido siempre...
Negro + blanco
Taaantos de vosotros rondando por mi cabeza...

El poder de los pensamientos

Los pensamientos son un discurso constante, en forma verbal o visual, que se repite en nuestra cabeza. También son nuestra imaginación, nuestro diálogo interno, nuestras visualizaciones, nuestros recuerdos y nuestra memoria. Los crea nuestro cerebro y parecen estar en todo momento con nosotros. A veces gritan con fuerza, pero otras veces los patrones de pensamiento son tan automáticos que ni siquiera los percibimos. Aunque estos esquemas mentales parezcan imaginarios e intangibles, originan una gran cantidad de emociones y reacciones fisiológicas, además de guiar nuestros comportamientos tanto o más de lo que ocurre en el mundo que nos rodea.

Si no me crees, imagina que coges un limón y lo chupas: la mayoría de las personas que lo hace empieza a salivar y experimentan la misma sensación que tendrían si realmente chupasen un limón. Por tanto, los pensamientos originan respuestas reales. También determinan cómo percibimos nuestro entorno. Si algo nos preocupa, nuestra atención se centrará en ello, con lo que es más probable que nos fijemos en ello: si detestas a los perros, verás perros por todas partes. Como los patrones de pensamiento se desarrollan a través de nuestras experiencias pasadas, anticipamos que algo va a ser aterrador, y, en consecuencia, nuestro cuerpo se prepara para responder a lo que creemos que va a ocurrir. Por eso un acontecimiento anodino para una persona puede ser aterrador para otra, porque lo que pensamos o predecimos sobre un acontecimiento es mucho más poderoso para crear nuestra respuesta que el hecho en sí.

Está muy bien decir que no hay nada que temer, pero es la mente la que nos lanza ese mensaje de alerta. Nuestros propios pensamientos pueden resultar amenazantes y aterradores. A veces lo único que queremos es deshacernos de esos pensamientos absurdos y alejarlos, pero, al igual que ocurre con las emociones, cuanto más los reprimimos, mayor es la probabilidad de que afloren con más fuerza.

Nuestros pensamientos también nos cuentan historias sobre nosotros mismos y sobre otras personas que pueden guiar nuestro modo de actuar. Nos contamos que no seremos capaces de salir adelante, que no gustamos a la gente o que somos un determinado tipo de persona. Pese a que nuestras historias no son más que simples construcciones, nos las creemos y podemos llegar a estar tan atrapados en ellas que nos definen. Podemos empezar a vivir solo dentro de los límites de nuestras historias, sin aventurarnos más allá. Aunque muchas de esas historias parten de información obsoleta o equivocada, como pueden ser las experiencias de la infancia o el relato de la sociedad que nos ha tocado vivir, al creer en ellas las confirmamos con lo que vemos y lo que hacemos. Vemos las historias como verdades, cuando solo son percepciones; una construcción en lugar de un reflejo de la realidad.

El tren de los pensamientos viaja continuamente por nuestra mente; a lo largo del día tenemos muchos pensamientos. Para guiar nuestro comportamiento necesitamos muchos de estos trenes para no perder el rumbo y no olvidar el camino recorrido. Algunos pensamientos no aportan nada, otros no son más que conexiones cerebrales aleatorias que se disparan juntas, subproductos que carecen de sentido alguno.
Algunos son fruto de los sesgos naturales del cerebro; otros son patrones de pensamiento que se han desarrollado a lo largo de la vida. Y los más destacados son aquellos que gritan más fuerte o que han permanecido durante más tiempo. Los patrones de

pensamiento sostenidos durante mucho tiempo se apoyan en redes neuronales consolidadas en el cerebro, y por eso sus trenes recorren la mente con facilidad. Llevan tanto tiempo ahí que nos parecen una realidad inevitable. Los pensamientos en los que más fijamos nuestra atención suelen ser los que nos asustan o nos resultan desagradables, puesto que crean sensaciones en nuestro cuerpo difíciles de obviar. De este modo, los pensamientos que viajan en los vagones más silenciosos suelen pasarse por alto, mientras que los más ruidosos te obligan a fijarte en ellos, a detenerte y a subirte a su vagón, dejándote llevar por ellos.

Esos trenes de pensamiento que están en marcha continuamente tienen un poder enorme sobre lo que vemos, sentimos y hacemos. En este caso se trata de una relación recíproca, ya que lo que sentimos afecta a nuestros pensamientos. Cuando estamos deprimidos, nuestros pensamientos tienden a ser congruentes con nuestro estado de ánimo, así que es más probable que nos centremos en los aspectos negativos. Nos creemos lo que nos dice nuestro cerebro porque nos parece cierto, pero no lo es, porque la información está filtrada por el enfoque, sesgada por los prejuicios, impulsada por las experiencias pasadas y condicionada por las creencias. Afortunadamente, podemos decidir no dejarnos llevar por ciertas historias, y guiar nuestros pensamientos para que remen a nuestro favor. Si somos capaces de tomar conciencia de las historias que nos cuentan nuestros pensamientos y nos alejamos de ellas, podemos aprender a reaccionar positivamente ante nuestros pensamientos.

EJERCICIO 1

Detectar pensamientos

Para poder responder a los pensamientos, primero hay que detectarlos. No siempre resulta sencillo, ya que los trenes de pensamiento pueden ser tan rápidos y automáticos que no siempre nos percatamos de que están ahí. Ya hemos hablado de cómo identificar tus pensamientos varias veces a lo largo del libro: ¿Te acuerdas de esos juicios que pusimos en el punto de mira al avergonzar nuestras emociones (ver páginas 82-83), de las comparaciones que haces (ver páginas 106-113) o de esas atribuciones cuando experimentas el síndrome del impostor (ver páginas 120-121)? Todos esos son pensamientos que has detectado. Es hora de que empieces a reconocer otros pensamientos que pueden estar influyendo en tus emociones.

Los pensamientos pueden ser tanto la causa de las emociones como el resultado de las mismas, un ciclo bidireccional. Los primeros pasos consisten en reconocer los pensamientos que te resultan poco útiles:

Detecta esos pensamientos. Detente y observa lo que está pasando por tu mente. Pregúntate: "¿Qué es lo que estoy pensando ahora?" ¿En qué te estás centrando? Puede resultarte útil hacerlo cuando te sientas mal, así podrás identificar los patrones de pensamiento que alimentan esos sentimientos.

Piensa en lo útiles que son estos pensamientos. Reconoce que se trata de pensamientos, no de hechos. ¿En qué medida te ayudan estos pensamientos en este momento? Observa cómo te hacen sentir. ¿Influyen en tus acciones? Puedes aprovechar el ciclo de las emociones (véanse las páginas 72-77) para determinar cómo han repercutido en lo que has hecho y cómo te has sentido.

EJERCICIO 2

Reconocer los patrones de pensamiento

Con frecuencia, los pensamientos obedecen a temas y patrones comunes, con lo cual entender estos patrones puede favorecer la identificación de los mismos. A continuación encontrarás algunos de los patrones de pensamiento más comunes que pueden tener las personas.

Identifica (o marca) aquellos que experimentes, así podrás detectarlos cuando se presenten.

Culpabilizarse. Cuando interiorizas y asumes la responsabilidad de asuntos que en realidad no son culpa tuya (o al menos no tanto como crees).

Los no tan buenos lectores de mentes. Hacemos suposiciones sobre lo que la gente piensa de nosotros. Y resulta que no somos esos magníficos adivinos que creemos ser, y a menudo nos equivocamos. Aunque la gente pueda juzgarnos, normalmente están demasiado absortos en sus propios pensamientos como para dedicar su tiempo a pensar en nosotros.

Sacar conclusiones precipitadas. Cuando uno se adelanta y llena la incertidumbre de inexactitudes, prediciendo el futuro: "Voy a liarla en la presentación"

El filtro cerebral basado en las creencias. Tu cerebro filtra la información rápidamente, lo que significa que es más probable que vea la información que encaja con lo que ya sabe. Si crees que eres un desastre en algo, tu cerebro seleccionará la información que coincida con ello. Si tienes miedo de algo, empezarás a ver muestras de ello por todas partes. Tu cerebro filtra la información para ver lo que esperas ver, lo cual significa que no te das cuenta de las incongruencias que podrían contar otra historia.

Suposiciones masivas. Consiste en sacar conclusiones basadas en detalles mínimos. Suele ser el caso de los errores: te ha ido mal en una redacción, así que claramente eres un desastre. Te han dicho que hay que hacer cambios en un trabajo, o sea que no eres capaz de hacer bien tu trabajo. Alguien ha hecho un comentario negativo sobre ti, es evidente que todo el mundo piensa así. Cuando tomas distancia, estas suposiciones parecen sumamente inexactas, pero en ese momento nos parecen de lo más acertadas y repercuten en cómo nos sentimos.

Quedarse anclado en tu historia en blanco y negro. Podemos tener una visión clara de cómo somos o cómo son los demás, hasta el punto de definirnos por ello; pero la personalidad de cualquier persona no es algo estanco. El hecho de que nos veamos y nos definamos de forma tan estricta puede imponer límites inservibles para nosotros mismos y para lo que hacemos. El típico ejemplo que pongo es cuando las personas se definen a sí mismas como "alguien que no se estresa ni tiene dificultades relacionadas con la salud mental". Esto significa que no ven cuándo les está afectando el estrés hasta que llegan a un punto de agobio, en el que ya no se puede ignorar. Permitirnos reconocer la escala de grises en lo que somos y en cómo funciona el mundo puede parecer incómodo al principio, pero tiene su recompensa a largo plazo.

EJERCICIO 3

Respondiendo a tus pensamientos

Una vez que hayas detectado los pensamientos cuyo impacto en tu estado de ánimo sea poco útil, tienes dos alternativas principales para responder a ellos: tomar distancia, observarlos y decidir cuáles son los que te interesan, o interactuar con ellos directamente y desafiarlos como espectador objetivo. Ambos enfoques siguen una línea similar, al posibilitar que te alejes de tus pensamientos y los veas desde la distancia, de tal forma que puedas actuar observando, en lugar de quedarte atrapado en ellos y considerar que tu comportamiento está condicionado por los mismos. Por mi trabajo, he observado que estas dos técnicas funcionan para diferentes personas, así que pruébalas y comprueba cuál te funciona a ti, o incluye ambas en tu maletín de herramientas para utilizarlas indistintamente cuando funcionen mejor.

Decidir a qué tren me quiero subir

Puedes alejarte y verlo con retrospectiva, prestar atención a tus pensamientos, reconocer que no tienes que dejarte arrastrar en este viaje y decidir activamente a qué tren subir. Puedes observar estos trenes de pensamiento que se acercan, "Ah, mira, ahí está mi cerebro diciéndome lo mismo otra vez", saludarles con un movimiento de cabeza y dejarles pasar, con la certeza de que no tienes que subir al tren si no quieres. Solo porque tengamos un pensamiento (y hay muchas razones por las que podemos llegar a ese punto), no tenemos por qué tomárnoslo al pie de la letra y creérnoslo. Sigue estos cinco pasos para ayudarte a decidir a qué tren subir:

1. Toma distancia y observa tus pensamientos, para verlos como lo que son: simples pensamientos que no tienen por qué guiar tu comportamiento. En lugar de tener únicamente el pensamiento, puedes decirte a ti mismo "Me doy cuenta de que estoy teniendo un pensamiento que...", lo cual te ayudará a dar un paso atrás. Recuérdate a ti mismo: los pensamientos no son hechos; pueden parecer reales, pero eso no significa que sean verdaderos; aunque parezcan aterradores, no son más que pensamientos.

2. Reconócelo. Repítete a ti mismo: "Hola, tren de pensamientos, me doy cuenta de lo que me estás diciendo y está bien. Voy a ver cómo pasas por mi mente. No necesito subirme al tren y creerte. En lugar de eso, puedo aprender a ver cómo pasas por delante".

3. Identificar patrones e historias. Si reconoces los patrones que siguen tus pensamientos por norma y costumbre (el Ejercicio 2 puede ayudarte a ello), podrás identificar la historia que el tren de pensamientos te está contando. Por ejemplo, 'Aquí llega el tren contándome su historia de que no tengo amigos". Recuérdate a ti mismo que es solo una historia que cruza por tu cerebro, y déjala pasar.

4. Acéptalo en lugar de luchar contra él. Tu cerebro está haciendo todo lo posible para ayudarte, pero no siempre lo consigue, así que, en lugar de luchar contra él, dale las gracias. Dile: "Gracias por este pensamiento. Sé que estás tratando de ayudarme", y luego deja que se vaya, en lugar de dejarte influir directamente por él.

5. Observa tus pensamientos desde otro ángulo. Una técnica que, a priori parece ridícula pero que te permite establecer una relación diferente con tus pensamientos, consiste en cantártelos a ti mismo o decirlos con una voz tonta cuando los notes. Parece que de este modo, se ayuda a las personas a alejarse de sus pensamientos y tratarlos como una cuestión que no tienen que tomar en serio. (Una de las personas con las que trabajé disfrutó mucho aplicando esta técnica con música thrash-metal; un estilo de música bastante gracioso que le impedía tomarse en serio sus pensamientos).

Desafiar a tus pensamientos

No se trata de crear un pensamiento positivo, sino de observar tus pensamientos de forma más objetiva y dudar de su validez. De lo que se trata es de incitar a tu mente a ser justa y abierta. Si intentas discrepar con demasiada vehemencia de tus pensamientos o los alejas, puede que contraataquen con más fuerza, aunque puedes trabajar con ellos para que te ayuden a encontrar un punto de vista diferente. A fin de cuentas, lo que pretendes es flexibilizar el pensamiento y pasar del enfoque en blanco y negro a una mirada más amplia, más justa y más precisa.

Sigue los siguientes tres pasos para ayudarte con esta estrategia:

1. Aléjate y fíjate en lo que te dicen tus pensamientos.
Anótalo.

2. Ahora hazte las siguientes preguntas:

¿Crees que la valoración de la situación es justa?

¿Qué interpretación estoy haciendo de esta situación?

¿Hay factores que influyan en mi forma de ver la situación en este momento? Por ejemplo, ¿niveles de estrés altos, falta de sueño o emociones intensas?

¿Cómo es el escenario en general?

¿Tendrá importancia dentro de un mes o de un año? ¿Qué le diría a un amigo en esta situación?

¿Ha caído mi cerebro en alguno de los patrones de pensamiento del ejercicio 2?

¿Hay pruebas que respalden otro tipo de conclusiones? ¿Hay otras formas de enfocar la situación?

3. ¿A qué conclusión has llegado? ¿A qué conclusión has llegado? ¿Qué forma sería más realista y equitativa en esta situación? Escríbela. Acuérdate de ella cuando vuelvas a observar este patrón de pensamiento.

Pensamientos críticos

Pensamientos amables

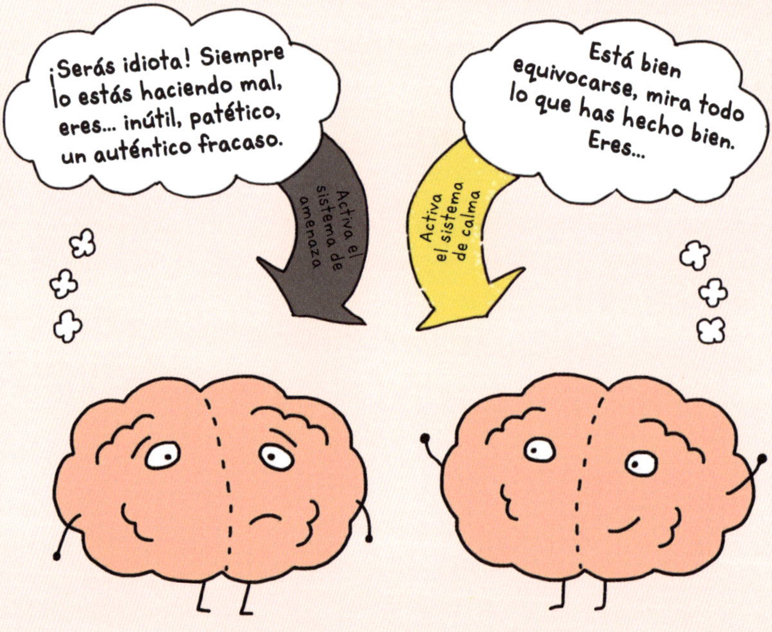

El crítico interior

¿Qué pensarías si escucharas a alguien decirle estas cosas a uno de tus amigos? Supongo que pensarías que se trata de un abusón, un maleducado y una persona desagradable. Puede que incluso te acercaras a esa persona y le dijeras que está fuera de lugar. Probablemente le dirías a tu amigo que esa persona no tiene razón y lo animarías, con todas las pruebas que se te ocurran para demostrar que ese acosador está equivocado.

Sin embargo, este acosador aparece a menudo dentro de nuestras propias cabezas. Está ahí para reprocharnos, tal vez repitiendo comentarios que hemos oído en algún momento de nuestra vida, aprovechándose de nuestros momentos de duda o identificando nuestras debilidades y hurgando en ellas. En lugar de desenmascarar a este crítico como el gran perseguidor que es, le creemos sin cuestionarlo. Acatamos su discurso sin dudar de su veracidad, y asumimos su conclusión como cierta, sin considerar de forma objetiva las pruebas.

Somos incapaces de imponer los mismos límites al acosador que llevamos dentro que los que pondríamos en la vida real. Mientras nos alejamos y proclamamos con objetividad que algo así es inaceptable cuando se trata de un amigo, somos mucho más subjetivos con nosotros mismos. Por eso, este acosador interior se libra fácilmente y se permite hacer comentarios desagradables mientras nos ocupamos de nuestros asuntos cotidianos. Podemos llegar a habituarnos tanto a esta crueldad de fondo que se convierte en una insidia que se escabulle y nos debilita sutilmente hasta el punto en que ni siquiera nos damos cuenta.

Todos tenemos un diálogo interno que pasa por nuestra cabeza, y lo que nos dice afecta a cómo reaccionamos, a nuestra química cerebral y a cómo nos sentimos. Imagina que alguien se pasase el día gritándote comentarios desagradables y críticas de todo tipo. ¿Cómo te sentirías? Te sentirías desanimado, triste, ansioso, desmotivado o desbordado. El crítico interior desencadena una respuesta en forma de amenaza que nos provoca ansiedad y tensión. Nadie se merece un bombardeo constante de críticas, sobre todo cuando se dirigen a él desde su propio cerebro. Así que es hora de darle la vuelta a esto y de empezar a ser tu propio mejor amigo.

EJERCICIO 1

Desenmascarando al acosador

El primer paso para lidiar con tu crítico interior es detectarlo. Los acosadores necesitan que se les reconozca por lo que son, y este parece ser un mentiroso compulsivo que se alimenta de las dudas y las vulnerabilidades.

Si reconoces a tu crítico interior, puedes sacarlo a la luz y hablarle seriamente. Exponerlo empieza a quitarle poder, porque puedes ser más objetivo y someterlo al mismo juicio que al acosador de otra persona.

La mejor manera de descubrir a tu acosador es fijarte en cuándo está trabajando y qué te dice cuando se pone manos a la obra. Uno de los indicios de que tu acosador está en acción es que te sientas mal. Un motivo habitual para el abusón es cometer un error, pensar que has hecho algo mal o sentirte estúpido o avergonzado por algo. Puede que en ocasiones haya un desencadenante concreto que ponga a funcionar a tu crítico, mientras que otras veces puede que se decante por el más inocuo de los acontecimientos, lo cual es mucho más difícil de detectar.

Cuando te des cuenta de las señales que indican que tu crítico interior está activo, pregúntate qué es lo que te está diciendo. Escríbelo. ¿Te está tildando de estúpido? ¿No eres capaz de hacer las cosas tan bien como otras personas? Suele haber patrones de conducta en lo que dice, de modo que puedes considerarlo como un acosador recurrente.

Intenta visualizar cómo es tu crítico interior. Así podrás externalizarlo de tu propio cerebro. ¿Tiene pinta de ser un troll desagradable que te dice que no eres bueno? ¿O un zorro malévolo, que se escabulle, dejando entrever lo incompetente que puede ser? Visualizar a tu crítico interior puede ayudarte a verlo de forma más objetiva. El objetivo es percatarse de él y de los reproches que te hace.

EJERCICIO 2

Haz más uso de la objetividad

Ahora que has sacado a relucir tu crítico interior acosador, es el momento de someter a un verdadero escrutinio lo que te está diciendo. Por eso, vamos a utilizar el concepto que hemos ilustrado al principio de este tema: el hecho de que somos mucho más objetivos con otras personas que con nosotros mismos. Es difícil ser un mero espectador objetivo de tu propia experiencia. El acosador está intrínsecamente ligado a la experiencia pasada, a las creencias y a las emociones y, consecuentemente, puede costar disociar al acosador de lo que uno siente. En cambio, nos resulta mucho más fácil mirar con ojos críticos y objetivos la situación de otra persona y la de su hostigador. También solemos ser más compasivos con otras personas que con nosotros mismos.

Imagínate que hablas con un amigo que se encuentra en la misma situación que tú cuando tu acosador empezó su andadura. ¿Qué les dirías? ¿Les dirías que son unos estúpidos por haber cometido un error? ¿O serías más compasivo? Supongo que lo segundo, ya que tendemos a ver la situación de otra persona con más objetividad que la nuestra. Por tanto, podemos estar seguros de que es más justo decirle eso a alguien en esa situación que lo que nosotros, o nuestro crítico interior, nos decimos.

EJERCICIO 3

Aprende a hablarte de forma más compasiva

Ya hemos comprobado que tu crítico interior es injustamente duro, y que cuando miramos la situación de forma más objetiva tendemos a mirarla con más amabilidad. El siguiente paso es desarrollar una voz interior más compasiva. Cuando nos tratamos con amabilidad, activamos nuestro sistema calmante, el cual nos hace sentir seguros, relajados y protegidos. Esto, a su vez, nos lleva a sentirnos más capaces de controlar una situación difícil.

Piensa en lo que le dirías a un amigo en la misma situación. ¿Cómo le harías sentir mejor? ¿Cómo cuestionarías al abusador crítico que les habla? ¿Cómo verías la situación desde un punto de vista más ecuánime? Esta nueva voz compasiva es tu cuidador interior, que está ahí para velar por ti.

Puede que al principio te parezca artificial y que no te creas lo que te estás diciendo a ti mismo. Lleva un tiempo desmontar y reconstruir los patrones de pensamiento. El crítico interior tiene un camino bastante trillado por el que puede transitar sin problemas, mientras que tu nuevo cuidador interior debe atravesar un sendero poco frecuentado y lleno de maleza. Sin embargo, cuanto más animemos a nuestro cuidador interior, más fácilmente recorrerá este camino, mientras que el camino del crítico interior se vuelve más engorroso y lleno de maleza, resultándole más difícil llegar a ti.

Es más probable que recaigamos en viejos patrones cuando nos sentimos mal. Cuando tu acosador interior vuelve a colarse en tu vida, indica que te sientes mal y que necesitas más cariño. En lugar de castigarte por haber vuelto a las andadas, considéralo una señal de que necesitas ser más amable y cuidadoso contigo.

Donde estoy
CUIDADO CON LA BRECHA DE LOS «DEBERÍA»
Deberías...
Trabajar más duro
Estar más delgado
Ser menos dependiente
Ser más organizado
Ser mejor compañero
Ser tú
Hacer más ejercicio
Lidiar mejor con los obstáculos
Donde pienso que debería estar

Presentación de los «Debería»

Me gustaría presentarte a los "Debería". Me los imagino como pequeñas criaturas en forma de burbujas de pensamiento, que te atraen con sus enormes ojos y te engañan haciéndote creer que te están haciendo un favor al marcarte objetivos muy motivadores. Te dicen qué deberías hacer, qué tipo de persona deberías ser, qué tipo de padre deberías ser, o cómo deberías sentirte. Parecen criaturas sensatas, porque... ¿por qué no íbamos a querer superarnos a nosotros mismos? Pero a los "Debería" les gustan las

inexactitudes y las percepciones erróneas, y se alimentan de dudas, comparaciones, expectativas poco realistas y autocrítica para crear amplias brechas entre lo que somos y lo que creemos que deberíamos ser. Habitan ese espacio entre la expectativa y la realidad, y por eso ocupan ese espacio en tu cerebro.
Los "Debería" nos susurran: "Deberías ser... feliz/capaz de hacer esto/sentir un amor inmenso por tu hijo a todas horas/capaz de hacerlo todo." Al decirnos lo que deberíamos ser, también tienen la mala costumbre de insinuar lo que no deberíamos ser. Puede que nunca lo digan explícitamente, pero es lo que realmente quieren decir. No deberías sentir ansiedad/considerar que criar a los hijos es difícil/compaginar el trabajo con los hijos/considerar que ser un padre o una madre que se queda en casa es difícil. Básicamente, te dicen que no lo estás haciendo lo suficientemente bien. A los "Debería" también les gusta arrastrar a nuestros hijos con nosotros. Nos dicen que nuestros hijos deberían leer, comportarse mejor o dejar de usar pañales.

Los "Debería" no son tontos: saben que siempre que los crees se abre esa brecha entre la realidad y donde deberíamos estar. Esta brecha es donde residen los "Debería": una tierra donde es inevitable la decepción y la sensación de vergüenza por los logros inalcanzables y las expectativas poco realistas. Te hacen creer que, si pudieras llegar al "otro lado", la vida sería mejor, serías más feliz y todo iría sobre ruedas. Pero la promesa del "otro lado" es solo eso, una promesa. Los "Debería" te embaucan haciéndote creer que tienes que cambiar drásticamente para poder alcanzar tus objetivos y sentirte bien, cuando en realidad casi todo lo que necesitas ya está a tu alcance. Crean un caldo de cultivo para las emociones como la vergüenza, la culpa y la decepción, donde prosperan. Y se esconde n tan bien que en lugar de señalar con el dedo de la culpa a los "Debería", es decir, a los pensamientos que crean estos sentimientos, nos responsabilizamos a nosotros mismos. Así que, vigila las lagunas de los "Debería" y presta atención cuando caigas en ellas.

Eso sí, conviene detectar los "Debería" que merecen la pena, porque a veces pueden tener un gran potencial, e incluso son conocidos por haber cambiado por completo el mundo. Cuando Caroline Criado-Perez dijo que debería haber más estatuas de mujeres en la Plaza del Parlamento, lo hizo en consonancia con sus valores, e inició una campaña que lo convirtió en una realidad. Cuando Greta Thunberg dijo que deberíamos cuidar más el medio ambiente, utilizó este "Debería" como motivación para pasar a la acción. Estas mujeres convirtieron sus "Debería" en acciones directas; no en lo que deberían hacer, sino en lo que pueden hacer. Reconocer la diferencia entre un "Debería" por el que merece la pena luchar y uno que es una autocrítica nos permite convertir el primero en objetivos factibles y tangibles, y aprender a ignorar el persistente "Debería" que induce a la culpa.

EJERCICIO 1

Identificar tus "Debería"

Utiliza la ilustración de la página 166 para identificar tus propios "Deberías". ¿Qué te dicen?

EJERCICIO 2

Acabar con la brecha de los "Debería"

Averigua a qué "Deberías" vale la pena aferrarse. ¿Cuáles te hacen sentir mal? ¿Los "Debería" te dicen que la vida sería mucho mejor si llegaras al otro lado de esa grieta donde residen?

¿Quién te dice que deberías? ¿Son voces del pasado? ¿Es algo en lo que crees o algo que te han dicho que deberías hacer otras personas o la propia sociedad?

Intenta clasificar tus "Deberías" en estas cuatro categorías:

1. Palos de "Debería" - Se utilizan para golpearse a sí mismo injustamente.

2. Mitos de los "Debería" - Te dicen que la vida sería mejor si llegaras al otro lado.

3. "Debería" de los deseos - Te gustaría que fuera así, pero ¿son objetivos poco realistas o vale la pena emplear tu energía en ellos?

4. "Debería de los valores" - Son coherentes con tus principios y valores y pueden ayudarte a orientar tu camino.

Para las dos primeras categorías puede ser útil aplicar algunas de las técnicas que aparecen aquí y en anteriores partes del libro: consulta el tema de la autocompasión, los puntos de referencia de la comparación y las técnicas para responder a los pensamientos en El poder de los pensamientos (páginas 150-159). Para la tercera categoría, hay que reconocer que se trata de un deseo, lo cual no significa que debas hacerlo. La técnica del tren de pensamiento (véanse las páginas 156-159) podría ayudarte en este caso, o podrías rebatir a tus pensamientos en torno a lo que realmente sucedería si esto ocurriera. Por ejemplo, ¿te estás diciendo a ti mismo que la vida sería mejor si perdieras peso? Pregúntate si esto es realmente así.

EJERCICIO 3

Convertir el "Debería" en un "Puedo"

Solo hay un número reducido de "Debería" a los que vale la pena prestar atención y a los que quieres aferrarte. Este cuarto subgrupo del ejercicio 2 debe pasar de los "Debería" intangibles a los "Puedo" tangibles, que permiten convertirlos en objetivos factibles. Estos últimos pueden contribuir a establecer tus objetivos (consulta el capítulo de Cambios y objetivos, en las páginas 132-139). Por ejemplo, si crees que deberías hacer más por el medio ambiente, puedes pasar de un "Debería" que induce a la culpa a una acción alcanzable y tangible diciendo: "Intentaré utilizar envases reutilizables". Vuelve a enumerar los "Debería" que vale la pena escuchar y conviértelos en "Puedo":

Debería...	**Puedo...**

Catastrófico

¡Alerta: Catástrofe!

El cerebro no se limita a ser un excelente detector de amenazas, que predice hacia dónde hay que dirigir la atención y la energía, sino que también es un órgano de planificación y anticipación del futuro excepcional. La combinación de estas excelentes capacidades para planificar, anticipar el futuro y predecir las amenazas y los obstáculos puede ser muy beneficiosa para canalizar el comportamiento en pos de los objetivos. Pero, a estas alturas, ya habrás deducido que, por muy útiles que sean muchas de las capacidades de nuestro cerebro, suelen tener una contrapartida. A veces combinamos estos poderes de predicción y los detectores de amenazas en una potente combinación explosiva en la que nuestro cerebro detecta (lo que considera como) un acontecimiento negativo, y se adelanta en exceso y predice una amenaza excesiva. Sin darnos cuenta, nuestros cerebros se han desmadrado y nos encontramos en una explosión catastrófica de dimensiones dignas de una supernova, en la que las amenazas abundan por todas partes y nos hemos convencido de que el peor de los escenarios está a punto de producirse. Evidentemente, será un desastre épico.

Los psicólogos lo denominan de una manera simpática (pero larga y difícil de decir): catastrofismo. Todo comienza con un acontecimiento insignificante... una rabieta de niño, una comida que se quemó, un desliz insignificante, algo que le dijimos a nuestro amigo. O quizás algo más relevante: una nota inferior a la esperada en un examen, un día en el que le gritamos demasiado a los niños, unos síntomas físicos poco agradables. A un amigo uno le diría "No es para tanto", o "Vamos a pensar en esto con cordura", pero, por la razón que sea, tu cerebro no se hace amigo de esta situación. Se da cuenta de esta información, la reflexiona y, antes de que te des cuenta, ya ha sonado el pistoletazo de salida y se ha puesto en marcha —a más velocidad que Usain Bolt— hacia el abismo catastrófico de la línea de meta, donde el Armagedón parece ser inevitable. No solo has suspendido el examen; te has arruinado la vida para siempre. No fue un simple día en el que gritaste (que todos tenemos), has perjudicado a tus hijos de por vida. No solo has dicho una tontería, ninguno de tus amigos querrá volver a hablar contigo. Es una catástrofe en toda regla.

Fuera de contexto puede parecer ridículo. Pero cuando las emociones están a flor de piel, no solo resulta difícil dominar los pensamientos, sino que estas conclusiones exageradas nos parecen inevitables y verdaderas. Es evidente que van a surgir, no te cabe la menor duda. Y eso hace que tu mente se precipite aún más hacia el abismo catastrófico y explosivo de la fatalidad. Tu cerebro formula otra predicción que te adentra en este abismo. Aunque sobreestima enormemente las posibilidades de que se produzca una catástrofe a gran escala, también subestima en gran medida cómo te las arreglarás en la escasísima posibilidad de que ocurra lo peor. La mayoría de nosotros pensamos que nos hundiremos cuando ocurran cosas malas, pero en realidad son muy pocas las personas que lo hacen, y la mayoría lo superan mucho mejor de lo que prevén.

Algunas situaciones son particularmente propicias para dar el salto al abismo catastrófico. No es de extrañar que seamos más propensos a hacerlo cuando nuestro vaso tiene la capacidad al límite (páginas 44-51), puesto que no tenemos espacio en el cerebro para reflexionar sobre la situación de forma global. La incertidumbre también es el punto de partida perfecto para que los pensamientos se desborden. A los seres humanos nos gusta la certeza y nos resulta reconfortante hacer planes de futuro, lo que genera más certeza. Por eso, cuando hay un momento de incertidumbre en nuestras vidas, la ansiedad puede ser un factor determinante, y nuestro cerebro puede tratar de crear certidumbre rellenando los espacios en blanco, a menudo con una certeza falsa y poco útil en el peor de los casos, que resulta contraproducente y nos hace sentir peor.

El objetivo de estos ejercicios es poner algunos obstáculos para evitar que la mente corra hacia el abismo de la catástrofe y ralentizarla en el trayecto.

EJERCICIO 1

Poniendo obstáculos

Cuando estés más en sintonía con tus pensamientos (como espero que lo estés ahora), podrás notar que el pistoletazo de salida se ha producido y tus pensamientos están desconectados. Detente. Tan pronto como te has dado cuenta de que la carrera ha comenzado, ya has puesto obstáculos a tus pensamientos y su ritmo empieza a disminuir. Ahora es el momento de poner más obstáculos a su paso para ralentizarlo aún más, hacer que siga otro camino o, tal vez, incluso que vuelva a la línea de salida. Hazte estas preguntas:

¿Qué probabilidad hay de que el peor escenario de tu cerebro se cumpla realmente?

¿Qué datos y estadísticas hay al respecto? Si esto sucede, ¿qué puedes hacer?

¿Qué es lo más probable que ocurra?

¿Significa realmente este escenario lo que te estás diciendo a ti mismo?

Anota las respuestas a estas preguntas. Tus pensamientos tienden a seguir patrones, así que lo más probable es que esta carrera se repita, y cuando suceda podrás recordar tus respuestas, de modo que, con suerte, no te verás inmerso de nuevo en la carrera hacia el final catastrófico.

EJERCICIO 2

Gratitud: Acercarse al aquí y ahora

Como típica escocesa con altos niveles de cinismo, cuando oí hablar por primera vez de la gratitud me mostré muy escéptica. Todo sonaba un poco rebuscado y simplista. Pero, aparte de que hay investigaciones sólidas que lo respaldan, tiene sentido.

La gratitud funciona desviando la atención de la mente de su tendencia negativa automática hacia una perspectiva más amplia: lo que tienes ahora y por lo que te sientes agradecido.

Si te centras en esto, es más probable que no solo te fijes más en el panorama general en el futuro, sino que además lo recuerdes. La tendencia de tu cerebro a arriesgarse y a correr hacia el futuro a corto plazo no desaparecerá de forma automática, pero sí se crearán patrones de pensamiento a largo plazo que harán que sea menos probable que esa carrera se repita en el futuro. A medida que puedas hacer esto con más asiduidad y te des cuenta de las pequeñas cosas, mayor será su beneficio.

La forma más sencilla de lograrlo es detenerse cada cierto tiempo y anotar tres cosas por las que te sientas agradecido. No tienen que ser grandes cosas, de hecho, cuanto más pequeñas, mejor. Al escribirlas, aumenta la probabilidad de que se consoliden en tu memoria. Estás dejando un rastro de gratitud en tu cerebro. Hay mucha gente a la que le gusta hacerlo antes de irse a la cama, y desde un punto de vista mental tiene sentido, ya que el sueño ayuda a consolidar los recuerdos, así que es más probable que se creen estos vínculos de gratitud en el cerebro entonces.

EJERCICIO 3

Tolerar la incertidumbre

La incertidumbre puede hacer que los pensamientos se aceleren, pero existen formas de aprender a tolerarla. Estas técnicas también resultan útiles para otro término psicológico que me encanta, la rumiación, cuando nos atascamos en preocupaciones para las que no necesariamente podemos considerar soluciones (a menudo porque no las hay). También puede ser interesante reflexionar sobre lo que está y lo que no está bajo tu control. No se puede cambiar aquello que escapa a nuestro control, así que es mejor dirigir nuestros recursos hacia lo que sí podemos controlar. Utiliza la ilustración como guía para identificar y clasificar tus preocupaciones.

Para las preocupaciones que escapan a tu control:
Reconoce y valida tus emociones en torno a ellas.

Reconoce lo que piensas en relación con ellas. Utiliza las estrategias de pensamiento de las páginas 158-161 para decidir la mejor manera de responder.

Vuelve a centrar tu atención en el presente: concéntrate en tu respiración o en ser consciente del entorno.

Considera la posibilidad de dejar de lado esas preocupaciones: habla de ellas con un amigo o haz algo que te relaje.

Para las preocupaciones que están bajo tu control:
Analiza qué es lo que te hace sentir estresado: puede servirte de ayuda el ejercicio de la maraña mental (página 56).

Reflexiona sobre cómo puedes gestionar los factores causantes del estrés: utiliza el ejercicio de resolución de problemas de las páginas 100-101 para encontrar sugerencias útiles al respecto.

Piensa en los siguientes pasos a seguir para ayudarte.

·Desenredar la maraña de pensamientos
·Escribirlos
·Resolverlos
·Planificar los siguientes pasos
Aferrarme a lo que puedo controlar
Dejar ir lo que escapa a mi control
·Validar las emociones
·Identificar pensamientos
·Emplear estrategias de pensamiento
·Buscar la manera de dejarlos de lado

Poniéndolo todo en orden

Espero que a estas alturas hayas aprovechado este manual para crear tu propio kit emocional personalizado para cuidar tu mente. Cada mente es única, así que lo que funcione para ti será tu propia batería de herramientas con la que podrás situar el cuidado de tu mente en el centro de tu vida y prestarle la atención que se merece.

No podría incluir en este libro todas las técnicas y herramientas psicológicas que existen basadas en la evidencia, así que ve ampliando tu caja de herramientas a medida que vayas considerando otras que te resulten útiles.

A veces, lo que te funciona bien en un momento dado puede no funcionar tan bien en otro, por lo que también es importante ser flexible a la hora de adecuar tu caja de herramientas o kit emocional cuando sea necesario.

Aunque tener un kit de herramientas te ayudará a cuidar de tu mente de forma proactiva, lo cierto es que nadie es inmune a los bajones de su salud mental. Ni siquiera quienes conocen todas las teorías, herramientas y técnicas del mundo —los psicólogos clínicos y otros profesionales de la salud mental— son inmunes a los problemas. La salud mental y la experiencia de la angustia es una condición humana y, si se da la mezcla correcta (o, más bien, incorrecta) de persona e ingredientes, la salud mental de cualquiera puede resentirse.

Es importante saber reconocer las señales que indican que tu salud mental se está deteriorando, para poder reparar en ella y tomar medidas cuando así sea. Negar que tu salud mental está sufriendo no es estoico, solo es más probable que alargue tu sufrimiento y puede agravar las cosas. Y eso no lo hace fácil: el deterioro de la salud mental puede ser un proceso insidioso y gradual, y los mismos síntomas pueden dificultar el reconocimiento o la búsqueda de ayuda. Podemos considerarnos unos impostores: "No estoy tan mal", "No merezco ayuda porque no hay nada por lo que sentirme mal en mi vida". Nos decimos que no somos personas deprimidas, ansiosas o estresadas, pero eso invalida la idea de que todos los seres humanos pueden experimentar estos sentimientos en circunstancias que les son propias.

Por otra parte, puede haber numerosos impedimentos para buscar ayuda. Puede que te preocupe que te rechacen o invaliden. Puedes pensar que eres un poco raro o diferente. Después de atender a muchas personas que han experimentado dificultades relacionadas con su salud mental, puedo garantizarte que tu experiencia se compartirá, porque tenemos mucho más en común de lo que nos separa y eso incluye las experiencias relacionadas con la angustia. Quizá creas que no mereces ayuda y no puedo negar que la sola idea de abrirse a la gente puede ser terriblemente aterradora, sobre todo si se trata de un profesional de la salud que no conoces. Sin embargo, en la actualidad existen muchos y buenos tratamientos basados en la evidencia, y aunque todavía hay carencias innegables en los servicios, la salud mental se está reconociendo como un aspecto intrínseco e inseparable de la salud física. El personal sanitario debería abordar cualquier problema de salud mental con la misma seriedad que los problemas de salud física.

La ilustración que aparece al lado tiene por objeto ayudarte a identificar lo que significa para ti estar mentalmente sano, los signos de que tu salud mental se está resintiendo y los pasos y acciones que puedes seguir cuando lo percibas. Algunos de esos

Para mí, estar mentalmente sano significa:

Señales de que mi salud mental se está resintiendo:

Qué me ayuda cuando sucede esto:

Señales de que podría necesitar un extra de ayuda:

pasos implican buscar ayuda profesional cuando sea necesario. También podría valer la pena analizar previamente las opciones que ofrece la zona en la que vives, o cómo acceder a la ayuda en caso de necesitarla, puesto que los sistemas sanitarios suelen ser difíciles de entender, y más aún si estás estresado, angustiado o abrumado. El conocimiento puede ser un elemento de empoderamiento en sí mismo, para que sientas que hay alternativas a tu disposición.

Botiquín de salud mental

Casi todos tenemos un botiquín de primeros auxilios para la salud física, y me encantaría que llegase el momento en que nuestros problemas de salud mental tuviesen plena paridad. Podemos empezar por tener en nuestra propia casa un botiquín para nuestra mente, que nos permita detectar si nuestra salud mental empieza a debilitarse. Tenerlo preparado con antelación es mucho más sencillo, porque una de las características de la angustia es el desorden de la mente que nos impide saber por dónde empezar, y la toma de decisiones puede ser difícil. Tener un botiquín al alcance de la mano reduce los esfuerzos y la energía que tenemos que dedicar a planificar qué hacer a continuación y qué acciones llevar a cabo.

Tu botiquín de salud mental podría incluir información específica sobre líneas de asistencia para enviar mensajes de texto, líneas telefónicas a las que llamar y cómo acceder a la ayuda directa en el ámbito local. Buscar ayuda profesional no es un fracaso: para mí es tan normal como buscar ayuda cuando se tiene una infección o un hueso roto. Si tienes el ánimo bajo, ansiedad o cualquier forma de angustia o emoción que repercuta negativamente en tu bienestar o funcionamiento, y/o que se prolongue durante más de dos semanas, merece la pena hablar con un profesional de la salud para decidir si el tratamiento sería beneficioso para ti. Algunas enfermedades físicas también pueden inducir síntomas de ansiedad o depresión, y no está de más que las revises.

Hace poco pregunté a mis seguidores en Instagram qué pondrían dentro de un botiquín de salud mental, y la ilustración de al lado recoge algunas de las respuestas. Aprovecha para pensar en lo que pondrías en tu propio botiquín.

Antes de terminar, algunas puntualizaciones:

Es importante reconocer que, en ocasiones, la angustia es una reacción normal frente a un conjunto de circunstancias anormales. Por ejemplo, la mayoría de las personas se sienten angustiadas cuando muere un ser querido. Es completamente comprensible; la angustia puede ser una respuesta humana típica ante situaciones estresantes. No obstante, a veces cuesta determinar si la angustia es una respuesta natural a las circunstancias o si se trata de un problema de salud mental que podría requerir ayuda. No tengas miedo de pedir ayuda. Hablar del tema puede proporcionarte un contexto, ayudarte a normalizar lo que sientes y poner en marcha medidas para remediarlo.

Algunos de los indicadores más importantes de las dificultades de salud mental son las circunstancias de la vida real: la pobreza y el estrés crónico prolongado o los traumas, por ejemplo. Convivir con estas circunstancias supone experimentar algo que genera estrés crónico y afecta a la salud mental. Es muy importante reconocerlo y admitirlo: NO es que "no lo estés afrontando", sino que hay algo en tu vida que te genera angustia porque es angustioso. Aunque las herramientas contenidas en este libro deberían ayudar a la mayoría de las personas, si estás en estas circunstancias, lo mejor es que el objetivo del tratamiento sea acabar con el factor

Botiquín de primeros auxilios de salud mental:
Fuentes de apoyo: números de teléfono, sitios web, etc.
Diario y bolígrato para escribir
Frases o mantras útiles que pueda recordar cuando esté agobiado
Pensamientos amables y afirmaciones de mi yo pasado a mi yo presente.
Ejercicios y aplicaciones de respiración y relajación.
Fotos de buenos momentos para recordarme a mí mismo que volveré a sentirme bien.
Permiso para darme un respiro, por ejemplo, salir a dar un paseo.
lista de reproducción de música para calmarme o sentirme bien.
Una lista de estrategias que me ayudan cuando me siento mal
Cosas que me ayuden a sentirme bien/relajarme: -mi té favorito -una manta -un libro -un podcast divertido
Olores que me hagan sentir bien, ej: lavanda
Recordatorio de mensajes de apoyo de amigos y familia. Lista de personas con quien hablar.

desencadenante en tu vida, en la medida de lo posible. Si alguien está siendo acosado, como psicóloga no solo pretendo ayudarte a lidiar con esto; en su lugar, quiero abordar directamente el factor estresante que origina la angustia y, por lo tanto, afrontar directamente el acoso. Por supuesto, en un plano individual eso puede ser sumamente difícil, pues salir de la pobreza o de una situación traumática suele ser extremadamente complicado, cuando no imposible. Por lo tanto, es posible que algunas de estas técnicas te resulten útiles, pero siempre deben ir acompañadas de una actuación directa para cambiar las circunstancias y de ayuda, si es necesario. El tratamiento de las dificultades de salud mental a nivel personal no es todo lo que hay que hacer cuando se trata de la salud mental, es solo parte de la solución. También necesitamos medidas sociales dirigidas a los factores que, gracias a la investigación, sabemos que tienen el mayor impacto en la salud mental.

Unas últimas palabras

Confío en que hayas llegado al final de este libro provisto de un juego de herramientas que te ayude a cuidar de tu salud mental en una vida actual tan ajetreada, y que te sientas seguro cuidando de tu mente. Y espero que hayas llegado al final del libro con la convicción de que todos tenemos una salud mental que necesita ser cuidada, y que la angustia no es necesariamente anormal, sino que forma parte del ser humano. Avanzar con esta convicción no solo será beneficioso para ti mismo, pues estarás más abierto a pensar en tus propias emociones, a darte cuenta de ellas, a tomar medidas y a buscar ayuda cuando sea necesario, sino también para todos nosotros en el futuro como sociedad. Contribuirá a cambiar las actitudes desde la concepción de que la salud mental es algo que solo tienen algunas personas, a lo que respondemos cuando algo va mal, hasta la idea de que es un elemento propio de todos los seres humanos que requiere un enfoque proactivo (además de reactivo cuando va mal) en el plano individual, colectivo y social. Reconocer que nuestra mente se ve afectada por toda nuestra vida y que la salud mental está intrínsecamente ligada a nuestra salud física y a nuestro entorno, y es inseparable de ellos, nos coloca en una posición firme como individuos y como sociedad. Nos permite atenuar el estigma, ampliar nuestros conocimientos y cuidar nuestra salud mental con conocimiento de causa basados en la evidencia. Ojalá este libro haya contribuido a todo ello.

Lecturas complementarias

Puede obtener más información sobre algunos de los temas tratados en este libro con estos recursos adicionales..

Introducción

Para entender los mitos sobre la salud mental:

Austin, Jehannine & Landrum Peay, Holly, *How to Talk with Families About Genetics and Psychiatric Illness*, W. W. Norton & Company, 2011

Filer, Nathan, *This Book will Change your Mind about Mental Health*, Faber & Faber, 2019

Para más información sobre trabajos sobre el cerebro:

Burnett, Dean, *The Idiot Brain*, Guardian Faber Publishing, 2017

New Scientist, *The Brain: A User's Guide*, Hodder & Stoughton Ltd, 2018

Sobre las conexiones entre mente y cuerpo:

Macciochi, Jenna, Dr., Chapter 5: 'Mental health matters' in *Immunity: the Science of Staying Well*, Harper Non Fiction, 2020

Marchant, Jo, Cure: *A journey into the Science of Mind over Body*, Canongate Books, 2017

No olvides los básicos:

Hammond, Claudia, *The Art of Rest: How to Find Respite in the Modern Age*, Canongate Books, 2019

Hardy, Jane, *365 Days of Self-Care: A Journal*, Orion Spring, 2018

Reading, Suzy, *The Self-Care Revolution: Smart Habits & Simple Practices to Allow You to Flourish*, Aster, 2017

Seal, Clare, *Real Life Money: An Honest Guide to Taking Control of Your Finances*, Headline Home, 2020

Walker, Matthew, *Why We Sleep: The New Science of Sleep and Dreams*, Penguin, 2018

Los cinco pilares

Kabat- Zinn, Jon, *Wherever You Go, There You Are: Mindfulness Meditation for Everyday Life*, Piatkus, 2004

Valores

Harris, Russ, *The Happiness Trap: Stop Struggling, Start Living*, Robinson Publishing, 2008

También puedes encontrar vídeos interesantes sobre valores y ejercicios para apoyar al establecimiento de valores en la página web de Russ Harris www.thehappinesstrap.com

CASAA (The Center on Alcoholism, Substance Abuse abd Additions) de la Universidad de Nuevo México nos otorga esta hoja de cartas de valores que pueden ser catalogados como "Muy importante", "importante" e "irrelevante" para asi facilitar a establecer valores: nhttps://casaa.unm.edu/inst/Personal%20Values%20Card%20Sort.pdf

Emociones
Feldman Barrett, Lisa, *How Emotions are Made: The Secret Life of the Brain,* Pan Macmillan, 2018

Síndrome impostor
Hibberd, Jessamy, Dr., *The Imposter Cure: How to Stop Feeling Like a Fraud and Escape the Mind-Trap of Imposter Syndrome,* Aster, 2019

Cambios y metas
Fogg, BJ, *Tiny Habits: The Small Changes that Change Everything,* Virgin Books, 2019

Crítico interior
Gilbert, Paul, *The Compassionate Mind,* Constable, 2010

Agradecimientos

A Kerry, Julia y el equipo de la editorial Quercus. Nada de esto habría sido posible sin vosotros. Gracias.

A Stuart, Freser y Evie. No podría haberlo hecho sin vosotros. Os quiero.

A mis padres. Por el espacio, el té y los ánimos. Gracias.

Índice